böhlau

Inge Friedl

Vom einfachen Leben

Böhlau Verlag Wien · Köln · Weimar

Bibliografische Information der Deutschen Nationalbibliothek:
Die Deutsche Nationalbibliothek verzeichnet diese Publikation in der
Deutschen Nationalbibliografie; detaillierte bibliografische Daten sind im Internet über
http://dnb.d-nb.de abrufbar.

Coverbild: Archiv der Autorin
Korrektorat: textstern*/Ulrike Ritter

ISBN 978-3-205-78738-9

© 2011 by Böhlau Verlag Ges.m.b.H. und Co.KG, Wien · Köln · Weimar
http://www.boehlau-verlag.com

Druck: Demczuk Fairdrucker Gesellschaft m.b.H., A-3002 Purkersdorf

Inhalt

Die Selbstversorgung

Zum Nachspielen

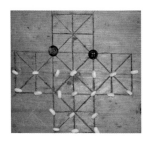

Zum Nachkochen

Zum Selbermachen

Vorbemerkung

Was ist ein „einfaches Leben"? Manche Menschen verstehen darunter ein Leben in Naturnähe, mit gesunder Ernährung im Rhythmus der Jahreszeiten. Für andere bedeutet es eine völlige Abkehr von Konsum und Technik, ein Leben ohne Auto, ohne Geschirrspüler und ohne Fernsehgerät.

Ein einfaches Leben ist im Idealfall ein autarkes Leben, aber ohne Überfluss und ohne Verschwendung. Ein unabhängiges Leben, in dem man so wenig wie möglich von Bargeld und externen Ressourcen abhängig ist. Ein solches Leben kann überschaubar sein und in seiner Genügsamkeit ein Stück Freiheit für den Einzelnen darstellen.

Aber wie lebt es sich wirklich als Selbstversorger, ohne Technik und ohne Konsum? In der bäuerlichen Welt kannte man bis in die Fünfziger- und Sechzigerjahre des 20. Jahrhunderts eine solche autonome Existenz. Es war ein Leben ohne elektrischen Strom und ohne fließendes Wasser im Haus, (fast) ohne Geld und ohne Konsum. Jeder Bauernhof war damals eine kleine Welt für sich. Man lebte autark, das heißt, man erzeugte beinah alles, was man benötigte, selbst. Alles, was man aß und trank, und fast jedes Kleidungsstück stammte aus der eigenen Produktion. Auch das Zusammenleben hatte eine andere Qualität, da man ohne maschinelle Hilfe viel mehr als heute aufeinander angewiesen war und jede freie Zeit miteinander verbrachte, weil es weder Fernsehen noch Computer noch Autos gab.

Dennoch: Die „gute alte Zeit" hat es so nie gegeben und auch die Erinnerung daran ist immer eine zwiespältige Sache. Viele Gegebenheiten und Lebensmodelle des alten bäuerlichen Lebens sind Gott sei Dank definitiv Geschichte. Was können wir trotzdem von den „Alten" lernen? Was lohnt, wiederentdeckt und bewahrt zu werden?

Dieses Buch versucht darauf keine endgültige Antwort zu geben, sondern es zeigt einige Bereiche des alten bäuerlichen Lebens, die uns heute, auch angesichts der weltweiten Wirtschaftskrise, zum Nachdenken, Innehalten und vielleicht zum Nachmachen anregen können.

Seit etwa zehn Jahren führe ich für verschiedene Buchprojekte Gespräche mit Menschen in ländlichen Gebieten. Im Laufe der Zeit ist eine tiefe Hochachtung für diese Menschen, ihre Kultur und ihre Lebensweise entstanden. Ich war auf den Bauernhöfen zu Gast und durfte zuhören und lernen. Die Menschen erzählten vom alten Rhythmus der Arbeit, der ihnen half, alles zu seiner Zeit zu erledigen. Sie beschrieben eine Welt, in der alles seine Ordnung und seinen zugewiesenen Platz hatte. Besonders gerne erinnerten sich die alten Bauern an das „Miteinand", an das Zusammenleben, bevor der Fernseher Einzug in die Wohnstuben hielt. Die Menschen teilten mit mir ihr umfassendes Wissen über alle Bereiche des alten Lebens. Ich erfuhr, dass man Holzschindeln in genau jener Reihenfolge auf das Dach legen muss, in der sie am Stamm gewachsen waren, damit das Dach richtig schön wird. Ich lernte von lebenserfahrenen Frauen und Männern, wie wichtig das angemessene Arbeitstempo war, das verhinderte, dass die Leute sich verausgabten. Sie erzählten von der alten Bedeutung des Feierabends und die Funktion des arbeitsfreien Sonntags. Ich hörte, dass es in den alten Bauernhäusern keine Abfallkübel gab, weil kein Müll anfiel, da alles wiederverwertet, repariert oder verfüttert wurde. Ich erfuhr, dass Karies früher praktisch unbekannt war, da man Zucker fast nie verwendete, und wie gesund eine Morgensuppe als Frühstück sein kann. Ich weiß nun, was ein „Speckhimmel" ist und wie man einen Birkenreisigbesen bindet.

Alle Gespräche fanden in den Stuben oder Wohnküchen statt. Meine Gesprächsführung lief nicht darauf hinaus, einen Fragenkatalog durchzugehen, sondern es entwickelte sich langsam ein Gespräch, das dort seinen Schwerpunkt fand, wo die Erfahrungen und das Wissen des jeweiligen Gesprächspartners liegen. Die Basis aller Gespräche war eine vertrauensvolle Atmosphäre, die es den Menschen ermöglichte, entspannt und ausführlich zu erzählen.

Meine Gesprächspartner kamen aus Oberösterreich, der Steiermark, Kärnten, Salzburg und Niederösterreich. Da ich die Leser auch in den Genuss des unverfälschten Dialekts dieser Länder kommen lassen will, habe ich immer wieder einzelne Textpassagen im Original belassen. Wer sich für den genauen Wortlaut interessiert, kann die meisten Ausdrücke im Glossar am Ende des Buches gerne nachlesen.

Ich danke meiner Tochter Kathrin für die gewissenhafte Durchsicht des Manuskripts. Meinem lieben Mann Karl danke ich für die Unterstützung und Hilfe, die er mir in all den Jahren zuteilwerden ließ.

Inge Friedl

Der Rhythmus

Das Tempo der Arbeit

ALLES HAT SEINE ZEIT ...

Es ist ein Irrtum, zu glauben, früher hätten die Menschen immer gemächlich und beschaulich gelebt, fortwährend im Einklang mit der Natur und mit sich selbst.

Ganz sicher kannte man auch Leistungsdruck und große Beanspruchung, besonders in arbeitsintensiven Zeiten wie der Ernteperiode. Ohne Zweifel waren manche Mitglieder der Hausgemeinschaft ständig größeren Anforderungen ausgesetzt als andere. Ich denke hier besonders an ledige Mägde, die „nebenbei" noch für ihre Kinder verantwortlich waren. Alle, Männer und Frauen, selbst ältere Kinder und rüstige Alte, leisteten sehr viel und sehr harte Arbeit.

Dennoch: Hatte man früher weniger Stress als heute? „Wir hatten viel weniger Druck von außen! Heute heißt es: Dort sollst hin! Das soll sein! Wir hatten zwar sehr viel Arbeit, aber sie war immer vorhersehbar. Man hat immer schön eines nach dem anderen erledigen können. Jeder hat sich die Arbeit eingeteilt, wie es für ihn gepasst hat."

Alles hatte seine Zeit; es gab Zeiten der Ruhe und solche, in denen rund um die Uhr gearbeitet werden musste. Schon in der Bibel, im Prediger 3, 1–2, steht: „Für alles gibt es eine bestimmte Stunde. Für jedes Vorhaben unter dem Himmel gibt es eine Zeit: Zeit fürs Gebären und Zeit fürs Sterben, Zeit fürs Pflanzen und Zeit fürs Ausreißen des Gepflanzten." Dieser Text wurde vor einigen Tausend Jahren im alten Israel, in einer bäuerlich geprägten Kultur, geschrieben. Die bäuerliche Lebensweise war seit jeher nicht von Uhrzeit und Terminkalender geprägt, sondern vom Wechsel von Anbau und Ernte und dem sich zyklisch wiederholenden Jahreslauf.

In den Wochen der Ernte dauerte der Arbeitstag 13 bis 15 Stunden. Mehrere Wochen lang arbeiteten die Menschen vom Morgengrauen bis in den Abend hinein, „von der Finstern bis zur Finstern". Aber jeder wusste, dass die arbeits-

Mahder mit ihren Sensen in Döbrich beim vulgo Burgstaller.

reichen Zeiten im Juli und im August Teil des Kreislaufs von Pflanzen und Ernten waren. Diese Zeit würde ein Ende haben und von ruhigerer Herbstarbeit abgelöst werden. Leben und Arbeit waren eingebettet in einen Zyklus, der sich Jahr für Jahr wiederholte und in seiner Vorhersehbarkeit den Menschen Sicherheit bot.

Dieses bäuerliche Denken unterscheidet sich wesentlich vom Denken des Menschen im modernen Industrie- und Geschäftsleben, das von der Uhrzeit, möglicher Zeitersparnis und von Pünktlichkeit geprägt ist.

Man arbeitete früher gemächlich, aber ununterbrochen; die Dauer der Arbeitszeit spielte dabei eine untergeordnete Rolle. Niemand schaute auf die Uhr und sagte: „Ich muss bis 16 Uhr fertig sein!" Maria Ellmeier, eine lebenserfahrene Stanzer Bäuerin, erkennt die Sinnhaftigkeit einer solchen Arbeitsweise und die Problematik einer möglichen Zeitersparnis: „Heute muss sogar am Bauernhof alles möglichst schnell gehen, weil die Leute mehr Freizeit wollen. Je schneller sie fertig sind, desto eher haben sie frei. Früher hat man an so etwas gar nicht gedacht. Freizeit war dann, wenn einmal ein Regentag war. Heute schaut man auf die Uhr, um Zeit herauszuschinden. Früher hat jeder gewusst, die Heuarbeit kann länger dauern. Heute, wenn du in einer Woche fertig bist,

ist es gerade recht, und wenn es noch schneller ginge, dann wäre es den Leuten noch lieber. Jeder schaut auf die Uhr, jeder will Freizeit."

Die bäuerliche Kultur war eine Kultur des angemessenen Tempos, ein eher bedächtiges Arbeiten war gefragt: Es musste nicht schnell gehen! So konnten auch die Kinder mithelfen und in ihrem eigenen Tempo nach und nach in die Arbeitswelt hineinwachsen. „Unsere Mama hat sich auch beim Arbeiten immer viel Zeit für uns genommen. Beim Erdäpfelheindln und beim Burgunderheindln hat sie mit uns immer ein Ratespiel gemacht. Die Mama hat drei oder vier Zeilen Erdäpfel genommen und wir Kinder eine Zeile. Während wir gearbeitet haben, haben wir nebenbei ein Fragespiel gemacht. Die Mutter hat uns eine Frage gestellt und wir durften in der Antwort die Wörter ‚ja‘, ‚nein‘, ‚schwarz‘, ‚weiß‘, ‚Nadel‘ und ‚Zwirn‘ nicht verwenden und auch keine ungerade Zahl. Da haben wir uns sehr konzentrieren müssen, damit wir nur keine falsche Antwort geben. Und so sind wir, ohne dass wir es gemerkt haben, bis ans Ende des Ackers gekommen! Dann haben wir uns hingesetzt und ein bissl ausgerastet, bevor wir die nächste Runde angegangen sind."

Man arbeitete langsam, aber beharrlich, ohne seine Kräfte vorschnell zu verausgaben. Wichtig war, nicht zu schnell und zu hektisch zu arbeiten, dafür aber ohne Unterbrechung. In Kärnten sagte man: „Der Anhaber is übern Schinter." Der „Schinter" schindet sich und andere; wer „schintet", muss sich ständig zusammenreißen und antreiben, bis er schließlich nicht mehr kann. Der „Anhaber" arbeitet langsamer, aber ohne unnötige Unterbrechung. Er bleibt im Fluss der Arbeit, er ermüdet nicht so bald und wird seiner Arbeit nicht so schnell überdrüssig.[1]

Maria Ellmeier vergleicht das alte bäuerliche Arbeitstempo mit der Ausdauer eines Langstreckenläufers. Man begann zwar langsamer, aber man arbeitete beharrlich und beständig. Heute, meint sie, sei die Arbeitsweise der Menschen oft die eines Sprinters: Man startet schnell, achtet nicht auf seine Kräfte und verausgabt sich leicht.

Das Leben der Menschen war nicht von Tempo und Hektik bestimmt, sehr wohl aber von Rhythmus und Regelmäßigkeit. Der Ablauf der Jahreszeiten gab den Rhythmus der Arbeiten vor; man wusste Jahr für Jahr, welche Arbeiten im März, welche im Juli und welche im Dezember zu erwarten waren. Auch jeder einzelne Tag hatte seine festgelegten Abläufe. Eine Innviertler Bäuerin: „Alles hast du zu seiner Zeit gemacht, das heißt, in der Früh war die Arbeit im Stall zu tun. Es war zum melken und die Tiere waren zum füttern und zum auswassern. Dann ist es in die Küche gegangen, aufs Feld oder in den Wald. Man hat bis

Das „Futter" wird zu Heuschobern geschlichtet.

zum Abend zwar viel Arbeit gehabt, aber trotzdem immer noch Zeit für den anderen. Weil man hat sich gesagt, was ich heute nicht schaffe, das schaffe ich morgen." Diese Bäuerin betont, dass es sehr wichtig sei, alles zu „seiner Zeit" zu tun, denn sonst kommt man in Hektik. Wenn man nicht im Rhythmus der Arbeit bleibt, dann wird es „stressig", wie sie meint.

Ein schönes Beispiel, wie viel Mühe und Plage ein guter Arbeitsrhythmus ersparen kann, ist die Kunst des Sensenmähens. Ein guter Mäher ist selbst nach Stunden noch nicht müde, während einer, der es nicht richtig beherrscht, bald erschöpft ist. Das Geheimnis liegt darin, nicht ins Gras zu „hacken", sondern die Sense durch die Grashalme gleiten zu lassen. Die Bewegung muss gleichmäßig und fast geräuschlos sein und sollte mühelos aussehen. Die Sense darf nicht mit Kraft bewegt werden, sondern aus der Dynamik der Schwungbewegung heraus. Nur wenn dieser Rhythmus gut ausgenützt wird, kann der Mäher entspannt bleiben und in immer gleichbleibendem Tempo mähen.

Bei der Mahd arbeiteten mehrere Mäher in abgesetzter Reihe hintereinander. Jeder Mann – Frauen mähten nur selten – trug an seinem Gürtel ein mit Wasser gefülltes Kuhhorn, in dem der Wetzstein aufbewahrt wurde. Von Zeit zu Zeit wurde die Arbeit unterbrochen und die Sense mit dem Wetzstein geschärft. Wenn nun einer ein schlechter Mäher war und mit Kraft mähte, dann war er schnell blamiert. Hatte ihn ein besserer eingeholt, dann wurde „in den Kumpf einigejauzt". Eine Schande! Eine derartige Kontrolle der Arbeitsleistung der anderen gehörte dazu, genauso wie die Scherze und der leichte Spott, wenn einer nicht fleißig genug war. Man arbeitete in der Gruppe, war aufeinander angewiesen und verlangte von jedem Einzelnen sein Bestes.

Ein anderes schönes Bild für das Arbeiten im richtigen Rhythmus ist das Dreschen des Getreides mit dem Dreschflegel. Dies war eine Arbeit, die im Team verrichtet wurde und die nur möglich war, wenn sich alle an den richtigen Rhythmus hielten und aufeinander achteten. Man stand um das zu dreschende Getreide herum und einer nach dem anderen begann zeitversetzt im Dreier-, Vierer-, Fünfer- oder Sechsertakt. Eine Oststeirerin erinnert sich: „Den Takt hat man im Gehör haben müssen. Zu dritt ist das Dreschen leicht gegangen, zu fünf war es ganz schwer, einen Rhythmus zu finden, zu sechst war es wieder einfacher. Um im Takt zu bleiben, hat man die passenden Drischelsprüche gesagt. Der Schwengel ist beim Dreschen immerfort über deinen Kopf gegangen, immer flott im Takt, der eine nach dem anderen." Die „Drischelsprüche", die den Takt vorgaben, lauteten etwa für das Dreierdreschen „Eins geht ab, eins geht ab", für den Vierertakt „Kein Brot am Tisch, kein Mehl im Korb" und für fünf Drescher „Eins, zwei, hiaz geht's gut".

Ein „Spruch" half bei vielen Arbeiten, den Rhythmus zu halten. Dies galt auch für das „Pilotenschlagen", das gemeinsame Einschlagen eines schweren Holzpflocks ins Erdreich. Auf dem „Piloten" wurde eine Vorrichtung mit vier Griffen angebracht, in deren Mitte sich der schwere Schlegel befand. Vier Männer sollten durch gemeinsames Hochheben und Niederschlagen den Pflock tief in der Erde versenken. Nun kam es darauf an, gleichzeitig den Schlegel zu heben. Der dazugehörige Spruch, überliefert aus Donnersbach im Ennstal, lautet: „Einmal auf und zweimal drauf, dreimal hoch und viermal noch. San oa dabei, die kennt ma glei, die zahn net aun, die hängen glei draun. Die zahl ma aus und schicken's z'Haus. Die zahn net aun und hängen glei draun!" Dieser Spruch sollte nicht nur helfen, den Rhythmus zu finden, er war gleichzeitig auch eine Drohung an jene, die nicht „anzahn", die sich nicht anstrengen. Sie wurden frühzeitig ausgezahlt und nach Hause geschickt: eine Schande für jeden Arbeiter. Diese Androhung hatte ihren Grund: Es war bei dieser Arbeit sehr

Das getrocknete Heu musste als Futter für den ganzen Winter reichen.

leicht, das Heben nur vorzutäuschen und sich an den Griff des Pflocks „dran-zuhängen".

Die alte bäuerliche Zeit wurde nicht an Stunden und Minuten gemessen, sondern am Auf- und Untergehen der Sonne. Was an einem Tag geleistet wer-den konnte, wurde nicht von der Uhr festgelegt und hing auch nicht von der Leistungskraft einer Maschine ab.

Das Tagwerk eines Bauern war einst ein Joch. Dieses Feldmaß ergab sich aus der Fläche, die von einem Ochsengespann an einem Tag gepflügt werden konn-te. Ein Morgen war die Hälfte, also in etwa die Leistung, die man an einem Vormittag vollbringen konnte. Eine solche Tagesleistung war dem Menschen angemessen. Das Tempo überforderte ihn nicht, Arbeitspensum und Zeit stan-den im Einklang miteinander und waren überschaubar.

Das Joch ist ein traditionelles Flächenmaß und seit der Antike gebräuchlich. Es misst in Österreich 0,56 Hektar. Das Tagwerk mit einer landwirtschaftlichen Maschine liegt ganz gewiss deutlich über diesem Maß. Karl Koch, ein Kärntner Alt-bauer, fasst das Unbehagen an einem solchen „schnellen Leben" in Worte: „Die Uhr treibt dich an, genauso wie eine Maschine. Heute bist du in drei Tagen mit dem Mähen fertig. Früher hat man drei bis vier Wochen geheut. Aber man war früher nicht mehr müde als heute, sicher nicht! Wenn du den ganzen Tag mit der Hand arbeitest, ist das eine andere Müdigkeit, als wenn du den ganzen Tag mit einer Maschine fährst. Du bist gerädert, wenn du von der Maschine absteigst. Du bist nach so einem Tag erschöpft und nervlich fertig, weil die Maschine dich antreibt. Es schaut ja alles so leicht aus. Wenn du zum Beispiel eine Motorsäge in der Hand hast, brauchst du nur Gas zu geben und schon geht es dahin. Aber sie treibt dich automatisch. Ist ja das Gleiche beim Autofahren! Warum fährt jeder so schnell? Die Technik beherrscht oft den Menschen, nicht umgekehrt, wie es sein sollte."

Zur Ruhe kommen am Ende des Tages

WANN IST FEIERABEND?

Wer alte Bauersleute besucht, hat sich an gewisse Regeln zu halten: Man sollte seinen Besuch so einteilen, dass man spätestens um zwölf Uhr zu Mittag wieder gegangen ist, außer natürlich, man ist zum Essen eingeladen. Denn um Punkt zwölf wird gegessen. Die Arbeit wird unterbrochen, selbst wenn man am Feld draußen ist oder auf einer entlegenen Wiese: Es ist Essenszeit! Die Mittagsmahlzeit, manchmal auch die Jausenzeit und der Feierabend sind unumstößliche Gegebenheiten, die nicht oder nur im äußersten Notfall verschoben oder abgesagt werden können.

Freiräume wie diese sind dringend notwendig, wenn der ganze Tag mit Arbeit angefüllt ist und die Arbeit buchstäblich nie endet. Gerade wer rein theoretisch „durchmachen" könnte, weil immer etwas zu tun ist, braucht Strukturen, die Ruhe schaffen und den Ablauf unterbrechen.

Freizeit oder gar Urlaub im heutigen Sinn gab es in der bäuerlichen Welt nicht. Dennoch gab es arbeitsfreie Zeit, den Sonntag etwa, die alten Bauernfeiertage oder nach einem langen, harten Arbeitstag den Feierabend. Dass es einen solchen geben muss, daran gab es keine Zweifel: „Feierabend hat es früher allweil gegeben, im Sommer um sechs oder sieben und im Winter war schon um halb fünf oder sogar um vier Uhr Schluss. Dann war Feierabend. Jeden Tag!"

Im Sommer war die Hausbank ein beliebter Treffpunkt für die Familie und die Nachbarschaft. „Wir sind auf der Sonnbenk gesessen und haben geratscht. Oft sind auch Nachbarn dazugekommen. Öfters ist auch einer gekommen, der Ziehharmonika gespielt hat. Meistens sind wir zwei Stunden dagesessen, von sieben bis neun, und haben uns unterhalten. Wenn man vom Feld heimgekommen ist und mit der Stallarbeit fertig war, dann war das Sonnbenksitzen ein sehr schöner Ausklang. Da hat man sich ausgeruht und alles ausgeredet. Es war der Übergang von der Arbeit zum Bettgehen. Das hat sich später dann alles aufgehört. Mein Gott, wie ist es heute? Die Leute gehen alle fort oder sie sitzen in der Stube drin vor dem Fernseher oder vor dem Kastl, dem Computer!"

Die Kultur des Feierabends scheint heute in Vergessenheit zu geraten. Wohl gibt es noch die Redewendung „Jetzt machen wir Feierabend", mit der wir meinen „Jetzt haben wir genug gearbeitet", aber das heißt noch lange nicht, dass Ruhe einkehrt. Der Besuch im Fitnessstudio, der Sprachkurs, ja selbst Kino und Restaurantbesuch halten uns auf Trab. Endlich zu Hause hilft und hindert uns der Fernseher gleichzeitig, uns wirklich zu entspannen. Man döst vor sich hin, die Zeit verfliegt, bis man müde genug ist, um ins Bett zu gehen.

Was können wir von den „Alten" lernen? Wie lässt sich ein Feierabend so gestalten, dass man zur Ruhe kommt und gleichzeitig wieder Kraft schöpfen kann?

„Wenn am Abend die Arbeit vorbei war", dann war Feierabend. Eines steht fest: Die Arbeit war absolut und unwiderruflich jeden Abend zur festgesetzten

Feierabend auf der Hausbank.

Zeit zu beenden. Je nach Jahreszeit war zwischen vier Uhr nachmittags und sieben Uhr abends Schluss. „Das Letzte war die Stallarbeit, dann war aus!" Nur an sehr wenigen Tagen im Jahr wurde länger gearbeitet. Über den Feierabend gab es prinzipiell keine Diskussionen und niemand stellte ihn infrage. Nur weil er ein unverrückbarer Teil des täglichen Lebens war, konnte er seine wohltuende Wirkung entfalten.

Untrennbar mit dem Feierabend verbunden war die Hausbank, meist in der Nähe der Eingangstür gelegen, fast immer mit Blick zum „Wegerl", um zu sehen, ob vielleicht noch ein Nachbar vorbeikommt. Es wäre niemandem, außer den Alten und den kleinen Kindern, eingefallen, sich untertags auf der Hausbank niederzulassen. So etwas tut man nicht. Noch heute ist es am Land verpönt, tagsüber zu rasten. Eine Freundin, die am Land lebt, erzählte mir, dass sie es sich ungern wochentags im Liegestuhl in ihrem Garten bequem macht, weil das im Dorf nicht gerne gesehen wird. Ein befreundeter Bauer, der gerne in seiner Freizeit mit dem Rennrad fährt, versucht, dies ausschließlich am Wochenende zu tun, auch wenn er es sich eventuell anders einteilen könnte. Aber zum Beispiel an einem Donnerstagvormittag nur zum Vergnügen mit dem Rad zu fahren, das ist mit dem bäuerlichen Arbeitsethos nicht zu vereinbaren.

Nach Feierabend ändert sich alles. Nun ist es nicht nur erlaubt, sich auszuruhen, sondern sogar erwünscht. Auf der Hausbank und im Winter in der Stube darf man mit gutem Gewissen faulenzen. Ich wage die Behauptung, dass alleine schon auf der Hausbank Platz zu nehmen, Körper und Geist zur Ruhe kommen ließen. Vielleicht sollten auch wir uns solche Plätze suchen, die für nichts anderes reserviert sind als für unseren Feierabend.

Feierabend bedeutete „zusammen sein". Alle Mitglieder der Hausgemeinschaft trafen sich am Abend: die Alten, die Jungen und die Kinder, Bauer und Bäuerin, Mägde und Knechte. „Zammsitzen" am Abend war ein Fixpunkt im Tagesablauf, es wurde geredet, getratscht und erzählt. Nicht die Regionalnachrichten im Fernsehen brachten Neues, sondern die Menschen selbst. Man tauschte Neuigkeiten aus und freute sich ganz besonders, wenn ein Fremder da war, der Brisantes zu berichten wusste: der Hausierer, ein neuer Dienstbote oder ein Störhandwerker. „Am Abend haben die gefragt: ‚Schneider, was gibt es Neues? Wo kommst denn her? Wie viel Dienstboten hat denn der? Wie viel Vieh im Stall?' Die haben sich gedacht, der ist viel umeinandgekommen und der hat viel zu verzählen."

Auch wenn keine neuen Nachrichten zu erwarten waren, hat man miteinander geredet. Über dies und das, über das Wetter, über die Ereignisse des Tages,

Ein Kartenspiel in der Stube.

über Lustiges und Trauriges – der Gesprächsstoff ging nie aus. Und heute?
„Wenn ich meine Enkel besuche, die freuen sich schon, dass ich komme, aber
die wissen nichts zum reden. Ist ja kein Wunder, mit ihnen redet ja auch keiner.
Die haben das Miteinanderreden nie gelernt."

Zur Kultur des Feierabends gehörte also auch, dass man die Gemeinschaft
pflegen konnte, dass man miteinander etwas anzufangen wusste. Die Alten lernten von Kindheit an, sich zu unterhalten, in beiden Bedeutungen des Wortes.
Sie saßen nicht schon abends um sieben vor dem TV-Gerät, sondern lernten
ganz selbstverständlich, sich zu beschäftigen und auch miteinander zu reden.
Am Feld draußen wurde erzählt, in den Jausenpausen wurde Spaß gemacht
und am Abend wurde geplaudert. Wenn Zeit war, wurde Karten gespielt oder
gestrickt, beides Tätigkeiten, bei denen man sich nebenbei wunderbar unterhalten kann. „Wenn's gestürmt hat, hat's geheißen: Renn auffi zum Nachbarn! Mir
toan Karten spielen!"

Man saß „zamm" und redete und war doch nicht immer untätig dabei, vor
allem die Frauen nicht. „Wir haben am Abend getratscht oder Radio gehört
und dabei gestrickt und gestickt und im Winter gesponnen." Es gehörte zum
Arbeitsethos einer Frau, dass ihre Hände immer tätig waren. Viele strickten im
Gehen, auf dem Weg zum Feld oder sogar auf die Alm. Wer stricken kann,
weiß, dass man dies „nebenbei" tun kann. Man kann dabei reden, nachdenken
und muss nicht einmal unentwegt auf seine Strickarbeit schauen. Es ist eine
beruhigende, meditative Tätigkeit, die, ebenso wie das Sticken oder das Spinnen, helfen kann, zur Ruhe zu kommen.

Einer der gravierendsten Einschnitte im Zusammenleben der Menschen war wohl der Zeitpunkt, als der Fernsehapparat Einzug in die Wohnstuben hielt. In diesem Fall gibt es tatsächlich ein „Davor" und ein „Danach". Davor verbrachten die Leute ihre Abende gewöhnlich miteinander, jeder mit dem beschäftigt, was ihn interessierte, oder zu mehreren in Unterhaltungen und Spiele vertieft. Danach saß man vor dem Apparat, gemeinsam stumm oder jeder für sich in seinem Zimmer. „Wenn alle vor dem Fernseher sitzen und du willst etwas erzählen, dann heißt es gleich: ‚Sei still! Ich will schauen!' Früher hat man über vieles geredet, oft gscheit und auch lustig. Ich glaube, da ist viel an persönlicher Beziehung verloren gegangen."

Wie einschneidend die Wandlung war, zeigt sich auch daran, dass viele ältere Menschen, gefragt nach den Abendbeschäftigungen, ungefähr so antworten wie diese Innviertlerin: „Vor dem Fernseher war alles anders. Da sind wir beim Tisch beieinand gewesen. Die Männer haben Karten gespielt und wir jungen Frauen sind bei der Bäuerin gesessen und haben Socken gestrickt und Wäsche geflickt. Da haben wir geredet und gelacht und eine Gaudi gehabt."

Der wohlverdiente Feierabend dauerte nur wenige Stunden. „Wir sind nicht lange aufgeblieben, weil wir kein elektrisches Licht hatten." Der Zeitpunkt, zu Bett zu gehen, war schon bald, nachdem es finster geworden war, gekommen. Wer mit dem Tageslicht aufstehen musste, ging klugerweise zeitig ins Bett.

Karl Koch, ein lebenserfahrener Bauer aus dem Gurktal, gibt dazu folgenden Rat: „Wer gscheit ist, steht früher auf, denn den Feierabend muss man in der Früh suchen!" Und seine Frau ergänzt: „Das heutige Leben ist anders, es ist bequem. Früher war nichts bequem, aber es hat einen Feierabend gegeben und das war sehr wichtig."

Werktag und Sonntag

DIE „HEILIGE" RUHE

Es ist Samstagnachmittag, drei Uhr. Die Arbeitswoche war hart, aber nun ist sie zu Ende. Die heilige Sonntagsruhe beginnt. Zuerst wird das wöchentliche Bad genommen und danach, als Zeichen der Veränderung, zieht man ein schöneres „Gwand" an. Man legt das Sonntagskleid an oder schlüpft in eine andere Hose und nimmt ein sauberes Hemd – von jetzt an bis zum Sonntagabend darf nicht

Zur Werktagskleidung gehörte oft auch eine Schürze.
Vorne rechts ein „Vierfleck" für Männer.

mehr gearbeitet werden. Die notwendige Stallarbeit wird natürlich verrichtet, auch gekocht muss werden, aber auf den Feldern und Äckern herrscht Ruhe. Nur manchmal im Sommer, wenn ein Gewitter droht, wird noch schnell das Heu eingebracht. Alles andere wäre Frevel, denn Gott hat geboten, dass am siebenten Tag der Woche die Arbeit niedergelegt werden soll.

Die Sonntagsruhe war heilig. Diese Heiligkeit leitete sich von 2. Mose 20, 8–11 ab, wo es heißt: „Gedenke des Sabbattages, dass du ihn heiligest. Sechs Tage sollst du arbeiten und alle deine Werke tun. Aber am siebenten Tage ist der Sabbat des Herrn, deines Gottes. Da sollst du keine Arbeit tun, auch nicht dein Sohn, deine Tochter, dein Knecht, deine Magd, dein Vieh, auch nicht dein Fremdling, der in deiner Stadt lebt." Der Sonntag und seine Kultur des Innehaltens boten dem Menschen die Möglichkeit, einmal nicht geschäftig sein zu müssen. Dieses Arbeitsverbot war eine Wohltat, dadurch wurde der Mensch zu seinem Glück gezwungen und konnte endlich ausruhen!

Die Vorbereitungen auf den Sonntag begannen schon am Freitagabend oder Samstagvormittag, wenn die „Kuchl" geputzt wurde. Jedes Haus hatte seine eigenen Bräuche und Rituale, aber überall wurde geputzt, beim einen mehr, beim anderen weniger. „Bei uns sind Küche, Vorhaus und Stiege mit der Bürste abgerieben worden. Die zwei Plumpsklos draußen im Freien hat man auch noch schnell geputzt, denn nach dem Mittagessen am Samstag war schon bald Feierabend." Mit Feierabend bezeichnete man früher nicht nur die Ruhe am Abend, sondern auch die Wochenendruhe. Der offizielle Beginn war das „Feierabendläuten" der Vesperglocke am Samstagnachmittag um 15 oder 16 Uhr.

Der Samstag war Putz- und Badetag. „In einem großen Holzbottich sind wir Kinder der Reihe nach gebadet worden. Ich als Ältester bin zuerst drangekommen. Dann außi und der Nächste. So ist es weitergegangen bis zum Jüngsten."

Am Samstag zu Mittag gab es vielfach immer das gleiche Essen, etwa „roggene Nudeln mit Sauerkraut" in einem Haushalt im Salzburger Land. Oft wurde extra für den Sonntag auch noch eine Mehlspeise, etwa ein Gugelhupf oder eine Germmehlspeise gebacken. Waren alle Vorbereitungen abgeschlossen, dann war wirklich der Feierabend, das Wochenende, gekommen.

Allein die Sonntagskleidung anzuziehen, ließ schon feierliche Stimmung aufkommen. Denn dieses Gewand war nur den festlichsten Anlässen vorbehalten. Man trug es außer an Sonntagen nur zu den hohen Kirchenfesten, auf Hochzeiten, bei Taufen und zuallerletzt auch bei seiner eigenen Beerdigung. Die Frauen besaßen oft nur ein schönes dunkles Kleid und die Männer einen einzigen guten Anzug. Der Festtagsanzug der Männer und das feine Kleid der Frauen waren oft dieselben Kleidungsstücke, die sie schon bei ihrer eigenen Hochzeit getragen hatten und die sie auch auf der Totenbahre angelegt bekommen würden.

An der Kleidung wurde der Unterschied zwischen Werktag und Sonntag deutlich sichtbar. Symbolisch wurden der Sonntag und der Feiertag dadurch aus dem Alltag herausgehoben. Es gab das „Sonntagsgwand", das „Werktagsgwand" und dann auch noch das „Sonntagnachmittagsgwand", das auch am Samstagnachmittag und zu Fahrten in die Stadt angezogen wurde. Dieses war nicht ganz so kostbar wie das allerschönste Gewand und doch wurde es nicht zur Arbeit getragen. Um die Sonntagskleidung zu schonen, zog man sofort nach der Rückkehr vom Kirchgang nach Hause dieses zweitbeste Gewand an.

Der sonntägliche Kirchgang war eine Selbstverständlichkeit und wurde nicht infrage gestellt. Neben seiner religiösen Bestimmung hatte er aber auch eine wesentliche soziale Funktion. Man ging den Weg zur Kirche gemeinsam mit den Nachbarn und traf sich nach der Messe am Kirchplatz zum Austausch von Neuigkeiten. Der Kirchgang war darüber hinaus eine der wenigen Gelegen-

Ein gemütlicher Sonntagnachmittag.

heiten, bei der die jungen Mädchen und die Burschen nacheinander Ausschau halten konnten. Während der Woche hatte man kaum Möglichkeiten, Bekanntschaften zu machen oder zu vertiefen. Der Kaufmann und manchmal auch die örtliche Raiffeisenbank hatten am Sonntagvormittag zwei Stunden geöffnet und der Kirchenwirt erwartete selbstverständlich seine Gäste. Dennoch: Pünktlich zum Mittagessen waren alle wieder zu Hause.

So, wie man streng zwischen der Alltags- und der Sonntagskleidung unterschied, genauso trennte man zwischen Wochentagskost und dem Sonntagsessen. Es war undenkbar, dass es am Sonntag zu Mittag etwas zu essen gab, das auch unter der Woche auf den Tisch kam. Statt der üblichen „geselchten Suppe", die übrig blieb, wenn man das geselchte Fleisch kochte, gab es sonntags eine „Knochensuppe" oder sogar eine Rindssuppe mit hausgemachten Suppennudeln, danach einen Schweinsbraten mit Kraut und Knödeln und als Nachspeise vielleicht ein Apfelkompott. Nur an den „Heiligen Sonntagen", am Christtag, am Neujahrstag oder am Ostersonntag, gab es auch einmal gebackenes Fleisch, mehrere Gänge und eine besonders gute Nachspeise.

Der freie Samstagnachmittag und der Sonntag wurden geruhsam verbracht.

Sie bildeten die einzige freie Zeit in der alten bäuerlichen Welt. Geld, um in die Gasthäuser zu gehen, hatte kaum jemand, also suchte man anderweitige Unterhaltung, etwa beim Gesang. „Bei uns sind die befreundeten Knechte auf einen Riegel hinaufgegangen oder in den Wald. Sie haben sich miteinander unterhalten und haben zusammen gesungen. Sie haben immer abwechselnd etwas erzählt und dann wieder ein Lied gesungen. Wir haben erst unlängst darüber geredet, wie schön das früher war, wenn du von Weitem das Singen gehört hast! Die Männer haben ja gewusst, dass man das weithin hört und dass die anderen Leute das mögen!"

Die Sonntagnachmittage waren Freizeit im heutigen Sinne des Wortes. Sie waren für die Jugend eine der wenigen Möglichkeiten, sich zu treffen. Meistens ging man wandern oder spazieren oder traf sich zum Tratschen oder Singen.

Die Männer rauchten und spielten Karten, die Frauen beschäftigten sich mit einer Flickarbeit oder einer anderen Handarbeit. Eine ehemalige Magd bringt es auf den Punkt: „Man hat früher gesagt: Die Männer steigen am Sonntagnachmittag mit der Pfeife beim Fenster außi, aber wir Frauen müssen noch umeinandertun." Für Frauen war es unschicklich, gar nichts zu tun. Das gehörte sich nicht. Auch die Stallarbeit, die natürlich genauso am Sonntag getan werden musste, war Aufgabe der Frauen, so wie das Kochen zu Mittag.

Die Kraft, die man trotz allem aus dem Sonntag schöpfte, war nicht nur von den wenigen freien Stunden bestimmt, in denen man sich kurz erholen konnte. Die Kraft, die dieser Tag gab, kam vielmehr aus der verlässlichen, sicheren Ordnung, die diesen einen Ruhetag in der Woche garantierte.

Der „Auswärts"

FRÜHLING UND SOMMER

Auswärts! Der Frühling brachte einen neuen Rhythmus des Arbeitens und des Lebens. Es war nun nicht mehr die Zeit, um in der Stube zu sitzen, um zu spinnen, um Geräte herzustellen und Werkzeuge zu reparieren. Es war Zeit, sich nach „auswärts" zu wenden und das neue Bauernjahr zu beginnen. Das Bauernjahr startete nicht wie das Kalenderjahr mit dem 1. Januar. Dieser Tag war für die Landwirtschaft bedeutungslos. In finanzieller und ökonomischer Hinsicht war der 2. Februar, der Lichtmesstag, von Bedeutung. Er war Zahltag und jenes Datum, an dem die Dienstboten „fädelten", also den Dienstherrn wechselten.

Eine der ersten Arbeiten im Frühjahr war das „Mistführen". Dabei wurde der Stallmist auf die Felder geführt und dort verteilt.

Das Klima- und Naturjahr hingegen begann im März, der gleichzeitig der Beginn des „Auswärts", des Sommerhalbjahres, war. Ein Lostag dafür war der Josefitag, der 19. März: „Wenn's einmal Josefi is, so endet auch der Winter gwiss." Der Josefitag war eine natürliche Zeitgrenze zwischen dem Winterhalbjahr (September–Februar) und dem Sommerhalbjahr (März–August). Der Monatsname September leitet sich vom lateinischen Wort „septem", „sieben", ab. Einst war er nicht wie heute der neunte Monat im Jahr, sondern von März an gerechnet der siebente Monat. Das alte Bauernjahr begann also bereits zur Zeit des römischen julianischen Kalenders im März, dann, wenn der Bauer beginnt, seine Felder zu bestellen.

Die erste Arbeit war das Mistführen. Die riesigen Misthaufen wurden zur Gänze auf den Äckern und Feldern verteilt. Überall, wo „umgebaut" werden würde, also überall, wo in Kürze geeggt, gepflügt und gesät werden sollte, musste der Dünger hin. Mit dem Pferdefuhrwerk oder mit dem Handkarren wurde der Stallmist hinausgeführt und verteilt.

Das „Umbauen" oder „Bauen" sollte möglichst früh erfolgen, da der Boden noch trocken sein musste. Pflug und Egge konnten so von den Zugtieren leich-

Pflügen mit dem Ochsenfuhrwerk.

ter gezogen werden. Als Erstes wurde das Sommergetreide angebaut, Hafer und Gerste. Dabei galt es, auf die Lostage zu achten. Lostage waren die Namenstage der Heiligen, an denen angeblich das Los, gemeint war das Schicksal der Mitnamensträger, bestimmt wurde. Wetter- und Anbauregeln, die auf einen Lostag fielen, wurden hoch geachtet. Am 21. März, dem Tag des heiligen Benedikt, hieß es: „Benedikt steh auf und bau Habern." Am 21. März sollte man also mit dem Säen des Hafers beginnen.

Mit dem Pferdegespann zog man die Egge auf dem Feld hin und her, um die Erde fein krümelig einzuebnen. Dann ging der Bauer mit einem Korb oder mit der umgebundenen Säschürze über den Acker und verteilte das Saatgut. Dieses stammte von der eigenen Ernte des Vorjahres und durfte nur vom Bauern selbst ausgebracht werden. Im Kärntner Nockgebiet sagte man, dass das Sätuch nur von einem Mädchen unter sieben Jahren, also von einem unschuldigen Kind, gesponnen sein soll, um die Bedeutung des Sävorgangs zu unterstreichen. Der Bauer nahm eine Faust voll Saatgut und streute sie zu drei Würfen in die gepflügten Ackerfurchen. Die Kunst lag darin, die Körner gleichmäßig zu werfen, nicht zu dünn und nicht zu dicht, damit man nicht übereinander säte oder einen Fleck leer ließ.

Beim Säen, beim Pflügen und beim Eggen war der Bauer in Kontakt mit der Erde. Die Grundnerbäuerin Maria Berger aus dem Murtal hat sich über diesen direkten Bezug zur Natur ihre Gedanken gemacht: „Früher sind wir als Bauern hinter dem Ochs nachgegangen und du hast gesehen, die Erde dreht sich um. Wenn ich am Traktor oben sitz, der den Pflug hinten hat, nehme ich das alles gar nicht mehr wahr. Ich habe meinen Vater lange nicht verstanden, der, als es schon längst Mähdrescher gegeben hat, noch immer ein Fleckerl Acker händisch bearbeitet hat. Dort hat er das Getreide noch mit der Hand gesät und wir haben mit der Hand geschnitten. Da war er richtig in seinem Element. Das hat er sich nicht nehmen lassen."

Das Verhältnis des Bauern zu seiner Erde zeigte sich auch darin, dass schon von alters her jedes Stück Grund seinen eigenen Namen hatte. Karl und Hemma Koch aus dem Gurktal: „Da drüben außi, das ist der Stadlacker. Unterm Stadl ist der Ebenacker. Hinten draußen ist der Neubruch und hinter dem Haus sind die Hauswiesen oder der Anger. Bei meinem Großvater daheim sind ganz unten Eichen gestanden. Das war der Oachbichl, der Eichenbühel. Dann war da noch die große Leiten und die kleine Leiten, das Leitle." Diese althergebrachten Namen wurden von einer Generation an die nächste weitergegeben.

Nach dem „Bauen" war auf den Äckern Ruhe bis zum Schnitt, bis das Getreide „zeitig" wurde. Geerntet wurden, je nach Klima, Gerste und Roggen im Juli, Weizen und Hafer im August.

Mit dem Heuen fing man um den Peterstag an, also Ende Juni, wenn die Wiesen in voller Blüte standen. Dies ist ein großer Unterschied zu heute, denn früher ließ man das Heufutter meist so lange stehen, bis die Samen abgefallen waren. Heute mäht man das junge Futter bereits Mitte Mai, da die Kühe dadurch schon früh im Jahr mehr Milch geben. Gemäht wird heute drei- bis viermal im Jahr, denn durch den Kunstdünger wächst das Gras schneller. Das mehrmalige Mähen bewirkt allerdings, dass es keine Blumenwiesen mehr gibt, da bereits gemäht wird, bevor die Wiesenblumen sich entfalten können.

Früher wurde nur zwei Mal gemäht, einmal im Juni und einmal das „Groamat" oder „Grummet" im August. Das Heuen war eine schweißtreibende Arbeit, die immer in Gemeinschaft verrichtet wurde. Jeder regenfreie Tag wurde genutzt, damit das Gras als trockenes Heu in die Scheune gebracht werden konnte. Die Menschen standen noch in der Nacht auf, um im Morgengrauen mit dem Mähen zu beginnen. Eine obersteirische Bäuerin denkt an diese Zeit zurück: „Um halb drei in der Nacht sind wir aufgestanden, denn wenn die Wiesen noch taufrisch waren, konnte man mit den Sensen besser mähen. Gemäht hat man, bis es trocken war, und dann, so ab neun Uhr, hat man rechen können. Wenn wir vom Haus weit weg waren, dann hat der Vater das Frühstück auf dem Kopfkorb hineingetragen. Saure Suppn und ein Brennsterz, das war unser gewöhnliches Frühstück."

Heuarbeit war viel Handarbeit. Das gemähte Gras musste gleichmäßig zerstreut werden, damit es gut trocknete, dann am nächsten Tag noch einmal gewendet und schließlich zusammengerecht werden. Johann Haselmayr aus Wolfsbach in Niederösterreich, ein bäuerlicher Chronist[2], beschreibt, wie viel Mühe und Wissen nötig war, um das Heu gut in den Stadel heimzubringen: „Am späten Nachmittag, wenn die Schatten näherrückten, begann das Scheubelrechen. Das Heu wurde mit einem langen Zug des Rechens bis zu den Füßen herbeigezogen und so entstand eine Heuzeile. So wurde die Wiese mit gleichmäßigen, sauber gerechten Zeilen überzogen. Zum Schluss, als letzte Arbeit des Tages, schob man die Heuzeilen zu kleinen Heuhaufen (Schöbern) zusammen.

War der darauffolgende Tag wieder sonnig, so streute man die Haufen nach dem Auftrocknen des Taus wieder auseinander. Das Wenden erfolgte gegen Mittag, das Heu war nun schon viel leichter, raschelte und duftete sehr gut. Nach dem Mittagessen war das Heu dürr genug und man begann mit dem Zusammenrechen zu großen Zeilen.

Beim Heueinfahren zog das Pferdegespann den Heuwagen Stück für Stück zwischen den Zeilen und man brauchte viele fleißige Hände, um das Heu aufzulegen. Zwei Knechte gaben mit der Gabel das Heu auf den Wagen hinauf. Dort nahmen zwei Mägde die Heuschüwi an. Es war eine Kunst, das Heu am Fachtl aufzulegen und auch richtig miteinander zu verbinden, sodass die Fuhre nicht auseinanderfallen konnte. Hinter dem Wagen wurde das von der Gabel nicht aufgelesene Heu zusammengerecht.

War das Fachtl hoch genug geladen, wurde das Heu mit dem Bindbaum an Seilen niedergebunden, damit auf der Fahrt in den Stadel nichts verloren ging. Ein schönes Fachtl zu machen, das hoch und oben nicht zu schmal war, gab Anlass zu berechtigter Zufriedenheit."

War man glücklich heimgefahren, war das „Fachtl" nicht umgekippt und hatte es auch nicht geregnet, dann wartete noch die schwerste Arbeit: das Abladen des Heus auf dem Heuboden. Jede verfügbare Arbeitskraft wurde nun gebraucht. Alle bildeten eine Arbeitskette und immer eine Heugabel voll wurde von dem auf dem Wagen Stehenden zum Nächsten weitergereicht bis hin zum

Der Bauer geht mit der Säschürze über das Feld

Das Getreide wird geschnitten und zu Garben zusammengefasst.

Letzten, der unter dem Stadeldach das Heu annahm und es schwitzend verteilte und niedertrat.

Die Arbeit nahm kein Ende. Der nächste Lostag kündigte den Beginn der Getreideernte an: „Kilian stellt die ersten Schnitter an." Ab dem 8. Juli wurden mit Sense oder Sichel die Getreideähren geschnitten. Wie das Mähen war auch das Getreideschneiden eine Gemeinschaftsarbeit. Oft halfen einander die Nachbarn, da das Getreide nicht überall gleich „zeitig", also reif, wurde, da die Sonnenbestrahlung nicht an allen Stellen gleich stark war.

Roggen und Weizen wurden nach dem Schnitt zu Garben gebunden. In mühsamer „Buckelarbeit" wurden die Ähren von der „Klauberin" mit der Sichel aufgenommen und von der „Binderin" mit einem Strohband zu einer Garbe zusammengebunden. „Bandlmacher" waren oft Kinder, die aus fünf, sechs Halmen ein Band drehten. Nun stellte man die abgelegten Garben in schönen geraden Reihen zu „Mandln" auf. Ein oberösterreichischer Bauer: „Bei uns sind sieben Garben auf ein Mandl zusammengestellt worden. Wir Kinder haben die Garben halten müssen, die sind dann zusammengebunden worden und oben ist noch ein Hut draufgekommen." Der „Hut" aus abgeknickten Garben sollte die Ähren bei Regen wie ein kleines Dach schützen.

Die „Mandln" standen etwa eine Woche auf dem Feld, bis die Getreidekörner reif waren. Erfahrene Bauern konnten die Reife und Härte der Körner mit den Zähnen prüfen. War es endlich soweit, war dies ein großer Moment, der auch mit viel Dankarbeit für die gute Ernte verbunden war. Johann Haselmayr: „Als Vorbereitung für das Heimfahren der Garben wurden vorsorglich die Tenn und der Bansen, ein Nebenraum, sauber gefegt. Auf dem Bansenboden wurde in Kreuzform frisches belaubtes Haselnussreisig gelegt und dieses mit Weihbrunn besprengt. Die neue Ernte, ein Geschenk Gottes, sollte hier gut lagern und beim Drusch ergiebig sein."

In der sehr arbeitsintensiven Zeit im Sommer waren Tanzunterhaltungen verpönt. Alles im Leben hatte seine Zeit und dies war jetzt die Zeit der harten Arbeit und nicht die des Vergnügens. Hätte man mitten in der Erntezeit einen Tanzboden aufgestellt, wäre das als ungeheuerlich empfunden worden. Wie tief diese Haltung in der bäuerlichen Bevölkerung verwurzelt war, zeigt folgende Geschichte aus dem Stanzertal: „Früher war Tanzen im Sommer strengstens verboten. 1958 haben sie trotzdem im Sommer einen Maibaum umgeschnitten und dann einen Tanz gehabt. Daraufhin ist das Hochwasser gekommen. Da haben alle dem Tanzen die Schuld daran gegeben."

Das „Auswärts"-Halbjahr ging zu Michaeli, am 29. September, zu Ende. Nun war die Hauptarbeit getan, das Heu war eingebracht, das Getreide geschnitten, die Kartoffeln geerntet, das Wintergetreide teilweise ausgesät und das Vieh war von den Almen zurückgekehrt.

Der „Einwärts"

HERBST UND WINTER

Einst teilte man das Bauernjahr in nur zwei Jahreszeiten. Im „Auswärts" oder auch „Auswahrt", dem Frühlings- und Sommerhalbjahr, fanden das Leben und Arbeiten in erster Linie außerhalb des Hauses statt. Im „Einwärts" oder „Einwahrt", dem Winterhalbjahr, hielt man sich wieder mehr in den Wohnräumen auf. Im Herbst, etwa ab Michaeli, dem 29. September, orientierte sich der Bauer „einwärts". Er erledigte alle anfallenden Herbstarbeiten, sorgte für den Wintervorrat und wandte sich wieder dem Haus zu, der warmen Stube und all den Tätigkeiten, die sich an den kürzer werdenden Tagen im Schein der Petroleumlampe erledigen ließen. Doch zuerst waren noch die letzten Feldarbeiten zu erledigen. Die Futterrüben mussten geerntet und die letzten Äpfel gepflückt werden, das Säen des Wintergetreides sollte abgeschlossen sein und die Felder, auf denen im nächsten Jahr Erdäpfel und Rüben gedeihen würden, mussten mit Stallmist gedüngt werden. Zu Kathrein, am 25. November, sollte jeder Bauer mit dem Ackern fertig sein. Es hieß: „Zu Kathrein sperrt der Bauer Pflug und Tanz ein!"

Der Herbst war die Zeit, in der „eingewintert" wurde. Nun dauerte es nicht mehr lange und die Hühner würden aufhören, Eier zu legen. Im Winter war kein frisches Ei zu erwarten. Deshalb wurden so viele Eier wie möglich zwischen Getreidekörnern, Gerste oder Weizen eingelegt. Eine eigens dafür bereitgestellte Holztruhe wurde randvoll abwechselnd mit Getreide und Eiern gefüllt.

Möhren und anderes Wurzelgemüse wurden im Erdkeller eingegraben, das ergab im Winter eine gute Suppe! Auch Rettich wurde gewöhnlich im Erdkeller eingewintert. Eine südsteirische Altbäuerin erinnert sich daran, dass in ihrer Jugend Rettich frostsicher im Garten vergraben wurde. Es wurde ein genügend großes Loch ausgehoben und gut mit Tannenzweigen bedeckt. Auf diese isolierende Schicht wurde der Rettich und darauf wiederum Tannenreisig gelegt. Dann erst wurde das Loch mit Erde aufgefüllt.

Eines der wichtigsten Nahrungsmittel war Kraut, sowohl frisch als auch vergoren. Kraut war jahrhundertelang das wichtigste Wintergemüse und somit eines der Basisprodukte der bäuerlichen Vorratswirtschaft. Es wurde zu Sauerkraut „eingeschabt" oder als „Grubenkraut" in einer Steingrube konserviert. Für Grubenkraut wurden die Krautköpfe direkt nach der Ernte kurz gekocht und danach in der Sonne getrocknet. Dabei blich das Kraut aus und nahm eine weiße Farbe an. Danach wurde es in eine mit Steinen ausgelegte Grube oder in ein mit Stroh ausgekleidetes Erdloch geschichtet und mit Brettern, Tüchern und Steinen abgedeckt.

Es wurde Most gepresst, Schnaps gebrannt und im „Dörrhäusl" wurden Äpfel, Birnen und Zwetschken in großen Mengen getrocknet.

Um Allerheiligen herum, wenn draußen alle Arbeit getan war, wurde in den Tennen das Getreide gedroschen. Bald danach wurde der selbst geerntete Flachs gebrechelt, damit er in den folgenden Wochen von den Frauen zu Garn versponnen werden konnte. Nach der schweren Arbeit des Brechelns wurde noch einmal getanzt und gefeiert, bevor es am 25. November hieß: „St. Kathrein stellt den Tanz ein."

Nun war wirklich die ruhige Jahreszeit gekommen. Es ging „einwärts", das Leben wurde für einige Wochen ruhiger und langsamer.

Holzknechte bei der Arbeit.

In der kalten Jahreszeit war die Stube der einzige beheizte Raum. Hier versammelten sich alle Hausbewohner. Maria Zach, eine weststeirische Bäuerin, machte sich die Mühe, ihre Erinnerungen schriftlich festzuhalten[3]. Sie beschreibt die warme Stube als Herz des Hauses: „Unsere Stube war im Winter Küche, Essraum, Aufenthaltsraum und zugleich auch Werkstatt für den Großvater. Weil es sonst überall zu kalt war, stellte er seine Hobelbank in die Stube. Jetzt hatte er Zeit, Holzzockeln anzufertigen und andere Schuhmacherarbeiten zu erledigen. Damit verdiente er sich ein bisschen Geld. Meine Mami arbeitete an ihrer alten Nähmaschine. Sie konnte gut nähen und damals wurde jedes Kleidchen mit Fleckstückchen ausgebessert. Sie nähte aber auch neue Schürzen und was sonst halt so gebraucht wurde. Oft schlief ich nachmittags im Bett von Mami, das auch in der Stube stand, ein. Das Hämmern und Werken am Schusterbankerl störte mich gar nicht."

Statt draußen wurde nun drinnen gearbeitet. Die Frauen hatten genug damit zu tun, den eigenen Flachs am Spinnrad zu Garn zu spinnen. Jeden Abend wurde fleißig gesponnen, bis nach Weihnachten endlich das letzte Garn zu großen Knäueln gerollt war. Nun konnte der Störweber kommen, um daraus die hauseigene Leinwand in feiner, mittlerer und grober Qualität zu fertigen.

Der Winter war die Zeit der Störhandwerker. Schuster, Schneider, Weber, auch Sattler, Glaserund Schmiede zogen von Hof zu Hof und übten an Ort und Stelle ihre Tätigkeit aus. Sie erledigten ihre Arbeit meist in der warmen Stube und blieben, wenn es nötig war, auch ein paar Tage über Nacht.

Dennoch trachtete jeder Bauer soweit wie möglich danach, alle handwerklichen Arbeiten selbst auszuführen. An den langen Winternachmittagen reparierten die Männer Werkzeuge oder stellten, wenn sie geschickt waren, neue her. „An gewissen Tagen war es zum Besen binden. Da haben die Knechte und der Bauer dann 12 bis 14 Besen gemacht. Manche haben sogar Rechen selbst gemacht. Wenn einer es selber nicht so gut zusammengebracht hat, dann hat es halt der Nachbar können."

Maria Zach erinnert sich noch, dass sie als Kind gerne am Stubenfenster saß und die vorbeiziehenden Ochsen beobachtete: „Mit den Händen kratzte ich das Eis vom Fenster, damit ich die großen, schweren Ochsen besser sehen konnte. Ganz nahe an unserem Haus führte ein Weg vorbei, der im Winter mit den großen Fuhrschlitten befahren wurde, vor die zwei Ochsen gespannt waren. Sie führten den Mist, der in großen Haufen am Acker abgeladen wurde. So ersparte man sich im Frühjahr die weiten Fahrten mit dem Mistwagen, denn nach den Heiligen Drei Königen, wenn es guten Schnee gab, ging alles viel leichter. Bei großer Kälte taten mir die Tiere leid. Manchmal hingen an den Fotzerln der Ochsen Eiszapfen! Von meinem Fenster aus hörte ich, wie der Schnee quietschte, wenn die großen Schlittenkufen Spuren in den Weg zogen. Oft hatten die Zugtiere hell klingende Glockerln am Zugzeug hängen, so konnten die Rossknechte ein anderes Gespann gleich hören."

Maria Zach beschreibt auch die Eisblumen, ein Phänomen, das man bei den heutigen dichten Fenstern mit Mehrfachverglasung nur mehr äußerst selten sieht. Die alten Fenster der Bauernhäuser waren oft von den wunderschönen Eisblumen vollständig bedeckt. „Ich habe als Mädchen gerne die Eisblumen abgezeichnet. Ich bin am Tisch gesessen und habe gezeichnet, bis ich steife Finger bekommen habe. Denn die Fenster waren undicht, es ging vom Glas immer Kälte weg."

Dennoch war der Winter keine „Urlaubszeit". Verschiedene Arbeiten konnten nur jetzt gemacht werden, wie die Holzbringung. Das im Frühjahr geschlägerte Holz verlor im Lauf der Monate seine Feuchtigkeit, es wurde „gering" und leicht. Im Herbst und vor allem im Winter konnte es abtransportiert werden. Dies erfolgte oft auf dem Schlitten oder mit dem Pferdeschlitten, ein waghalsi-

Der Winter war die Zeit zum gemütlichen Beisammensein

ges Unternehmen, das von den Tieren und den Menschen viel abverlangte. Ein Kärntner Bergbauer erinnert sich an diese schwere Arbeit: „Wir haben noch die schweren Rosse gehabt, die Pinzgauer. Besonders schwierig war es, wenn du acht bis zehn Meter lange Stämme hinten am Schlitten gehabt hast. Dann bist du fast nicht um die Kurven gekommen! Wenn es eisig war, dann hast du die Reißketten gebraucht. Und oft haben die Ketten nicht mehr gehalten und es ist dahingegangen! Ich kann mich erinnern, einer ist in die eisige Kurve gefahren, das Ross hat gespreizt, die ganze Fuhr über das Ross drüber und hinaus aus der Kurve! Das Ross ist dann unten in Stauden hängen geblieben."

Auch das Mistführen war eine typische Winterarbeit. Der Mist wurde jetzt und auch später im Frühjahr auf die Äcker, Wiesen und Felder geführt, damit er an Ort und Stelle war, wenn „umgebaut" wurde. Ein weiterer Grund war auch, dass die Rösser in Bewegung bleiben mussten, da sie sonst „dampfig" wurden. Man sagte: „Ein Bauer muss seine Leut im Winter beschäftigen und die Rösser auch."

Geschlachtet wurde nur in der kalten Jahreszeit – verständlich, in Zeiten ohne Kühlschrank und Tiefkühltruhe. Der Schlachttag wurde weniger als harte Arbeit gesehen, sondern eher als Grund zur Freude über den zu erwartenden Braten, die guten Würste, die frischen Innereien und all die anderen Köstlichkeiten.

Das Brennholz wird mit der Zugsäge geschnitten.

Ein ganz wesentlicher Aspekt des Winters in den alten Bauernhäusern war die Kälte. Wir sind es heutzutage gewöhnt, dass alle Räume wohlig warm sind. Früher war es die Regel, dass nur ein einziger Raum ordentlich beheizt wurde, nämlich die Stube beziehungsweise die Küche. Alle anderen Zimmer, vor allem die Schlafkammern, waren oft eisig kalt. Nicht überall war es so extrem wie auf einem Bauernhof im Dreiländereck zwischen Österreich, Bayern und der damaligen Tschechoslowakei. Dorthin hatte es einen Störschneider in Ausübung seines Handwerks Mitte der Fünfzigerjahre verschlagen: „In der hohen Stuben, wie man im Mühlviertel sagt, also in der Stube im ersten Stock, haben wir übernachtet. Vom Heizen war natürlich keine Rede, obwohl es Winter war. In der Früh, als ich munter geworden bin, denk ich mir, was ist denn da los? Auf meiner Tuchent war gut ein Zentimeter hoch Schnee! Den hat es beim undichten Fenster hereingeweht. Gut, so war es halt damals."

Es war üblich, Kindern und alten Leuten warme Kieselsteine oder Ziegelsteine ins Bett zu legen. Die Mütter hatten den Stein zuvor im Ofen erwärmt und ihn danach in ein Stück Stoff oder ein Handtuch gewickelt. So hatte man es wenigstens unter der dicken Bettdecke wohlig warm.

Dennoch waren die Menschen ständig einem Warm-kalt-Reiz ausgesetzt. Man war viel im Freien und wechselte von dort in den warmen Stall oder in die warme Stube. Auch im Haus selbst gab es Kalt- und Warmbereiche. Alle meine Gesprächspartner waren der Meinung, dass die Menschen damals unter diesen Bedingungen selten verkühlt waren: „Bei uns ist äußerst selten jemand krank geworden, wir waren abgehärtet. Jeder hat selber viel mehr Energie haben müssen, weil so wenig eingeheizt worden ist."

Im Februar, dem letzten Monat des bäuerlichen Jahres, wurde mit viel Lärm und wildem Feiern Abschied vom alten Jahr genommen. Unser Fasching erinnert heute noch daran. Aber wirklich zu Ende ging das Jahr für die Bauern erst im März, wenn die Hauptarbeiten des Winters, das Spinnen und die Holzarbeiten, erledigt waren. Für das Spinnen nennt die Bauernregel den 17. März, den Namenstag der heiligen Gertraud, als letzten Arbeitstag: „Die Gertraud beißt den Faden ab." Spätestens jetzt sollten alle Spinnarbeiten beendet sein. Tatsächlich waren die Frauen schon viel früher fertig gewesen und hatten das Garn meist schon ab Januar vom Störweber zu Leinwand weben lassen.

Auch Bauholz sollte nach den alten Erfahrungswerten nur in den Monaten Dezember, Jänner und Februar geschnitten werden. Das winterliche Holzführen und andere Arbeiten im Wald waren danach abgeschlossen.

Nun war es Zeit, Neues zu beginnen. Man orientierte sich an Josefi, dem 29. März. Jetzt ging es wieder „auswärts" auf die Felder, Äcker und Wiesen. Das neue Jahr, gemessen am Lauf der Sonne, hatte begonnen.

Vom Leben mit wenigen Dingen

EINE TRUHE, EIN KASTEN UND EIN BETT

Nehmen wir einmal an, Sie sitzen gerade in einem Ihrer Wohnräume und lesen gemütlich dieses Buch. Bitte blicken Sie sich um und wenden Sie ihre Aufmerksamkeit all jenen Dingen zu, die Sie umgeben: Möbel, Ziergegenstände, Bücher, Prospekte, Gebrauchsartikel, Elektrogeräte, Spielsachen, was auch immer. Schätzungsweise sind Sie gerade von Dutzenden, wahrscheinlich von Hunderten Dingen umgeben.

Eine ältere Bäuerin schildert, was sich früher in der Kammer, also im Schlafzimmer, befand: „Da waren zwei Betten, für jeden einen Kasten, also auch zwei, ein Tisch, ein Sessel, der Herrgottswinkel und ein Öferl. Das war alles. Mehr brauchte man da nicht."

In den bäuerlichen Haushalten gab es nur wenige Dinge. Hier ein Holzbord zum Aufbewahren von Tellern und anderen Gegenständen.

Nicht viel anders sah es im Hauptwohnraum des Hauses, der Stube, aus, die in diesem Fall auch als Küche genutzt wurde: „Vor 70 Jahren hatte man einen Tisch, Bänke, eine Kredenz mit Geschirr, eine Abwaschbank mit zwei Fächern, da waren zwei Töpfe drinnen, davor ein Vorhang, das war alles."

Maria Zach, die in den Dreißigerjahren beim „Grabenpeterkeuscherl" in der südlichsten Steiermark aufwuchs, ist eine Frau, die sehr lebendig und detailgetreu von den alten Zeiten erzählt. In der folgenden Schilderung[4] beschreibt sie nicht nur die Einrichtung in der alten Stube, sondern setzt die einzelnen Gegenstände auch in Beziehung zur Familiengeschichte. Geburten, religiöse Erziehung, Tischsitten und das Beten um gute Heimkehr vom Krieg – all dies verbindet sie mit der Stube: „In der großen Stube hatten wir einen gesetzten Herd. Im kleinen Kasten im Tischwinkel lagen die Löffel, die nach dem Essen nur abgewischt und nicht gewaschen wurden. Bei der nächsten Essenszeit wurde das Besteck einfach wieder herausgenommen. Alle haben aus der gleichen Schüssel oder Rein gegessen, Teller fürs Essen gab es keine. Über dem Tischkasterl war ein Herrgottswinkel angebracht. Rechts und links daneben hingen Bilder von der Muttergottes und von Jesus mit der Dornenkrone und den blutenden Händen. Ich schaute sehr oft zu diesem Bild empor, weil mir der blutende Jesus so erbarmte! Mein Großvater war besonders fromm. Er brachte mir sehr früh schon das Beten und Glauben bei. Es wurde mir erzählt, dass meine Großmutter immer vor dem Winkel gekniet ist und dafür gebetet hat, dass mein Großvater gesund vom Krieg heimkommen soll. Großvater war 1914 Soldat im Ersten Weltkrieg.

Neben dem Fenster stand ein Bett mit Pölstern, die mit Woazlaschen, mit Maisblättern, gefüllt waren. Dort schlief meine Mami und ich kam darin zur Welt. An der Wand neben dem Herd war ein Schüsselbrett aufgehängt. Darauf hingen ein paar Schüssel und was man sonst noch für das Kochen brauchte. Bei reichen Bauern hingen da auch sehr schöne Teller und die schönen Rosenhäferl. Es gab auch eine kleine Wasserbank mit Gefäßen, in denen das Wasser für den Küchengebrauch aufbewahrt wurde. In einer Mauernische stand dann noch der Saukessel, das ist alles."

Eine solche Reduziertheit der Dinge bringt vor allem einen großen Vorteil mit sich: „Das Putzen einer Wohnung war damals viel leichter, weil sie nicht so voll angeräumt war." Heute ist dies kaum mehr vorstellbar, aber früher wurde tatsächlich nur zweimal im Jahr, zu Ostern und zu Weihnachten, ein richtiger Großputz gehalten. Praktisch das ganze Haus wurde von Grund auf gereinigt, das Unterste kam zuoberst, kein Winkel wurde vergessen und jeder Gegenstand gereinigt. Eine Bauerntochter aus dem Ennstal erinnert sich: „Alles im Haus wurde komplett übergedreht. Kein Fleckerl ist übrig geblieben, alles und überall wurde gereinigt! Jedes Ladl in der Küche wurde herausgenommen und ausgewischt, alle Kästen im Haus wurden ausgeräumt und geputzt und die Betten ins Freie hinausgetragen. Das alte Stroh in den Matratzen ist weggeworfen und frisches hineingestopft worden. Und dann sind noch die Böden mit einer Bürste gerieben worden, bis sie wieder schön waren. Das Ganze hat leicht eine Woche gedauert."

War der Großputz eine ziemlich radikale Angelegenheit, bei der kein „Ladl" auf dem anderen blieb, war die alltägliche Putzarbeit keine große Sache. Es wurde einfach nur aufgekehrt, Wischen war nicht nötig. Eine alte Bäuerin erklärte mir das Geheimnis der Fußbodenreinigung: „Heute musst du alle Tage den Fußboden wischen, sonst schaut er nicht schön aus. Auf den neuen Bodenbelägen siehst du alles sofort. Früher war der Holzboden naturbelassen, der war nicht so empfindlich. Da hat es gereicht, wenn man ihn einmal in der Woche gerieben hat."

Wenige Möbel im Haus, nur das Nötigste an Pfannen und Geschirr in der Küche, eine Handvoll Kleidungsstücke für jeden, fast kein Spielzeug für die Kinder – wenn zu viel Besitz die Menschen belastet, dann waren unsere Vorfahren in dieser Beziehung sehr frei. Es gab wenig zu waschen und wenig zu putzen, abzustauben und zu reinigen.

Seinen beweglichen persönlichen Besitz konnte man leicht in einem Kasten oder in einer Truhe verstauen. „Zum Dienstbotenwechsel an den Festtagen haben die Bauern das Ross eingespannt und die neuen Knechte geholt. Die haben dann einen hölzernen Koffer oder eine Truhe mitgenommen, da waren alle ihre Habseligkeiten drinnen."

Die Wohlhabenden hatten einen eigenen Kasten, in dem sie ihren persönlichen Besitz unterbringen konnten. Dieser war ein traditionelles Geschenk für Heranwachsende. Eine Rohrmooser Bäuerin erzählt: „Mit 17 Jahren hat bei uns jedes Dirndl einen Kasten gekriegt. Da ist halt hineingekommen, was einem lieb und wert war. Der war voll mit schönen Sachen für den Ehestand: Leinen, Bettwäsche, Tischtücher, Geschirrtücher, auch Geschirr und alle gestrickten Sachen, hauptsächlich Strümpfe und Socken. Der Kasten ist dann im neuen Heim ins Schlafzimmer gekommen. Meinen Kasten hab ich heute noch. Solang ich leb, wird er in meinem Zimmer sein."

Wurde wirklich einmal etwas Neues angeschafft, dann war das eine große Sache. Geld war Mangelware; Altes und Gebrauchtes sollten so lange wie nur möglich verwendet werden. Entschloss man sich dennoch zum Kauf und zur Neuanschaffung, dann wandte man sich an die Handwerker des Ortes. Beim Tischler wurden jene Möbel in Auftrag gegeben, die man nicht selbst herstellen konnte. Einmal im Jahr kam der Schuster für eine Woche auf die Stör und verarbeitete das hauseigene Sau- oder Rindsleder zu Schuhwerk. Die Frauenkleider wurden von der Schneiderin, die Herrenanzüge vom Schneider gemacht. Ab und zu suchte man sich auch ein „Tüchl" am Kirchtagsmarkt aus oder kaufte sich Unterwäsche beim Kaufmann.

Die Freude, etwas Neues haben zu können, war groß; auf die Wahl eines besonderen und ausgefallenen Modells wurde kein Wert gelegt. „Als junges Mädchen habe ich einmal im Jahr ein neues Kleid bekommen und einmal im Jahr neue Schuhe. Dann ist eine Schneiderin oder der Schuster zu uns auf die Stör gekommen und hat im Haus gearbeitet. Neue Wäsche, Unterwäsche, haben wir nur zu Weihnachten bekommen, sonst nie. Ein Hemd oder eine Hose, eventuell ein Leiberl dazu."

42

Jeder Einzelne besaß nur wenige persönliche Dinge, meist nur einige Kleidungsstücke und ein paar religiöse Andenken.

Unter diesen Umständen ist bei vielen Menschen noch die Erinnerung an jedes einzelne Kleid und das erste Paar eigene Schuhe sehr lebendig: „Das erste Paar Halbschuhe habe ich in der vierten Klasse Volksschule bekommen. Davor habe ich Schuhe getragen, die der Vater selbst gemacht hat. Die waren aber nicht schön, weil er kein Schuster war. Aber die neuen Halbschuhe hat der Störschuster gemacht. Er ist ins Haus gekommen und hat da ein paar Tage gearbeitet. Wenn er fertig war, hat er die Schuhe immer in der Stube drinnen auf die Stange aufgehängt. Das weiß ich noch gut. Da sind meine Schuhe gehängt, die waren aus Rindsleder, richtig feine Sonntagsschuhe! Sie haben einen Absatz gehabt und ich habe mir darauf was eingebildet!"

Nicht nur die Schuhe, sondern auch jedes einzelne Stück „Gwand" war kostbar und musste geschont werden. Aus diesem Grund trugen die Mädchen über ihren Kleidern Schürzen: für die Schule, wenn vorhanden, eine schöne, für daheim ein älteres Modell. Die Buben trugen immer kurze Hosen, da diese beim Klettern und beim Raufen weniger leicht kaputtgingen als lange Hosen. Im Winter, wenn es kalt war, zog man einfach eine lange Unterhose darunter an.

Ein eigenes Fahrrad war ein seltener Luxus.

Jeder, ob Kind oder Erwachsener, besaß nur sehr wenige Kleidungsstücke: ein oder zwei Garnituren „Werktagsgwand" und das „schöne Gwand" für sonntags. Gewechselt wurde die Kleidung unter der Woche nicht, man zog Morgen für Morgen dasselbe an.

Den persönlichen Besitz jedes Einzelnen konnte man an einer Hand abzählen: Kleidung, Erinnerungsstücke an Wallfahrten, wie etwa Heiligenbildchen, vielleicht ein Gebetsbuch und ein Rosenkranz. Zu den wenigen Dingen, die jeder besaß, gehörte in vielen Haushalten der eigene Löffel. Meist war es ein einfacher Blechlöffel, der in einer Lederschlaufe unter der Tischplatte bei jedem Sitzplatz verwahrt wurde. Dieser Löffel wurde nach dem Gebrauch nicht abgewaschen, sondern nur am Tischtuch, am Hemd oder an der Schürze abgewischt. Manche ritzten auch Zeichen oder Buchstaben in diesen Löffel, um ihn als ihr Eigentum zu kennzeichnen. Bis zur nächsten Mahlzeit kam er dann wieder unter den Tisch.

Persönliche Geschenke gab es selten; wenn, dann waren es nützliche Dinge wie Unterwäsche oder Socken. Bekam man vielleicht ein paar Mal im Leben doch etwas Besonderes geschenkt, dann blieb dieser Tag in Erinnerung: „Früher hat man nur den Namenstag gefeiert, nicht den Geburtstag. Da hab ich einmal zur Tante Mathilde müssen und zum Namenstag gratulieren. Da hat sie mir ein Tüchl geschenkt, weil ich auch Mathilde heiße. Hab ich mich gefreut wegen dem Tüchl! Das war ja was!"

Wenige Dinge zu besitzen, bedeutete nicht, arm zu sein. Unter Armut litten vielmehr jene, die kein oder zu wenig Vieh und zu wenig Grund und Boden besaßen, um sich und ihre Familie zu ernähren. Keuschler, Kleinbauern und Tagelöhner hatten hart zu kämpfen, um sich ihren Lebensunterhalt zu verdienen.

Der Besitz weniger beweglicher Güter war also kein Kennzeichen der Armut, sondern typisch für die alte bäuerliche Kultur, eine Welt ohne Konsum, wie wir ihn heute kennen. Möbel wurden von vielen Generationen benutzt. Gegenstände wurden nicht unmodern, sondern höchstens unbrauchbar. Neues wurde nur angeschafft, wenn das Alte ruiniert war. Die Begehrlichkeit, mehr und Neues zu besitzen, wurde erst in den Sechzigerjahren mit den ersten bunten Versandhauskatalogen und danach mit den ersten Supermärkten in den Dörfern geweckt.

Zu Fuß gehen

ENTLANG DER ALTEN WEGE

Die alte bäuerliche Kultur war eine Kultur der Langsamkeit und der Kontinuität. Der Zeitbegriff war ein anderer als heute. Die Menschen sind viel zu Fuß unterwegs gewesen und hatten vielfach lange Wege zurückzulegen.

Eine oberösterreichische Bäuerin erzählte, dass sie als junge Frau im Kirchenchor gesungen hatte. Zur wöchentlichen Probe nahm sie eine Stunde Fußmarsch hin und eine Stunde zurück in Kauf. Dies hat ihr absolut nichts ausgemacht, im Gegenteil, das war schön, weil sie sich so auf das Singen gefreut hat! Es war für sie die normalste Sache der Welt, am Abend nach harter Arbeit noch so weit zu gehen.

Lange Wege zu Fuß zurückzulegen, war man schon von klein auf gewohnt. Die meisten Kinder hatten nicht nur weite, sondern auch beschwerliche Schulwege. Die Kinder gingen dabei nicht auf Forst- oder Schotterstraßen, sondern über „Wegerln" und Steige, über Wiesen, durch Wälder und über Bäche. Die Schüler wussten genau über diese alten Wege Bescheid, oft besser als die Älte-

Auf die Almen führten alte, zum Teil heute nicht mehr begangene Wege.

ren: „Als Schulbub habe ich gemeinsam mit meinem Freund einmal einer älteren Frau einen Streich gespielt. Wir waren auf dem Weg zur Schule und sie ist uns nachgegangen, weil sie gewusst hat, dass wir den Steig kennen. Jetzt sind wir aber absichtlich dreimal so lang gegangen, weil wir so viele Umwege gemacht haben. Die hätte aber zum Bahnhof müssen und hat wegen uns den Zug versäumt. Das haben wir ja nicht gewusst."

Der Weg in die Schule war anstrengend, aber auch abenteuerlich und voller Entdeckungen. Das Zurücklegen dieses Weges war eine schöne Gelegenheit, mit den anderen Kindern zu spielen, ein wenig zu trödeln und zu bummeln. Selbstverständlich war dies nicht immer möglich; oft mussten die Kinder nach Hause eilen, um bei der Arbeit, etwa beim Heuen, zu helfen.

Die meisten alten Wege waren schmale Karrenwege und enge Steige. Sie waren nur den Einheimischen bekannt und bildeten oft Abkürzungen zu den bereits vorhandenen Schotterstraßen. Eine Vielzahl dieser Wege gibt es heute nicht mehr. Sie sind längst überwachsen und überwuchert, weil sie nicht mehr benutzt werden.

Von jedem Bauernhaus ausgehend gab es verschiedene Pfade, die wie ein Netz zu allen wichtigen Zielen führten: zu den eigenen Äckern und Wiesen, zur Schule, zu den Nachbarn, ins Dorf und auf die Alm. Besonders gut sichtbar wurde das Wegenetz am Sonntag, wenn jeder von seinem Hof aufbrach, um in die Kirche zu gehen. Von allen Seiten kommend, trafen sich die Nachbarn am gemeinsamen Weg in die Kirche. So ging man ein Stück des Weges gemeinsam und redete miteinander. Eines der schönsten Dinge am Zu-Fuß-Gehen ist es, Zeit für Gespräche zu finden. Der Weg in die Kirche war eine wunderbare Kommunikationsmöglichkeit: „Da hast den einen getroffen und gleich den anderen. Da kimmst zamm und kannst dich im Gespräch mit allerhand beschäftigen. Leider, heute fährt jeder mit dem Auto, da gibt es das nicht mehr."

Auf den Wegen waren auch andere Fußgeher unterwegs. Man traf Hausierer, fahrende Handwerker, herumziehende „Einleger" und andere Bedürftige. Auch die „Störgeher" waren, wie der Name sagt, zu Fuß unterwegs. Vor allem Schneider, Schuster und Weber kannten die alten Wege gut, wenn sie zu ihrer Kundschaft, den Bauern, unterwegs waren. Genauso nutzten die Hebammen, die Gendarmen und manchmal auch die Landärzte diese Pfade.

Auch die Burschen, die in der Nacht zum Fensterln gingen, taten gut daran, jedes „Wegerl" zu kennen. Ein Kärntner erinnert sich: „Beim Brendlngehen, da ist man ja nicht nur im eigenen Dorf geblieben. Da ist man schon weiter gegangen, je nachdem, wo die Dirndln gewohnt haben. Wir sind oft weit über den Berg, bis in die nächste Ortschaft gegangen."

Auch nach einer Tanzunterhaltung im Dorf wartete ein Fußmarsch, selten unter einer Stunde. Wenn die jungen Männer und Frauen dann meist schon in den Morgenstunden heimkamen, rentierte es sich nicht mehr, „liegen zu gehen". Der Arbeitstag hatte bereits begonnen. Dieser lange Fußmarsch wirkte auf viele angeheiterte Burschen sehr ernüchternd: Betrunken gingen sie vom Fest oder vom Gasthaus weg, „halbert nüchtern" kamen sie zu Hause an.

Auf die Berge und die Almen führten die alten Saumwege. Hier wurde „gesäumt", das heißt, Lasten wurden auf Saumtieren, Pferden oder Mauleseln, transportiert und der Säumer ging zu Fuß nebenher. Ein Saumpfad war zu schmal oder zu steil für einen Karren oder ein Gespann, er konnte daher nur von einem Tragtier begangen werden. Während des Almsommers belieferte der Säumer regelmäßig die Sennerinnen auf ihren Hütten. Das Saumpferd war „aufgepackelt" mit allem, was auf der Alm benötigt wurde: Lebensmittel, Salz und Zusatzfutter für das Vieh. Langsamen Schrittes ging der Säumer mit seinem

Lange Wege zu Fuß zurück zu legen, war der Normalfall.

Lasttier die oft unwegsamen Pfade hinauf und beladen mit Almprodukten, wie Butter und Käse, wieder hinunter.

Die Sennerinnen mit ihrem Vieh benutzten die alten Almwege zum Auf- und Abtrieb. Im Zuge des Ausbaus der modernen Forststraßen wurden diese alten Fuß- und Karrenwege aufgegeben. Julie Götzenbrugger, die 39 Jahre lang auf die Niederscheibenalm bei Gstatterboden in der Steiermark fuhr, verarbei- tete den Abschied von „ihrem" Almweg in einem Gedicht. Sie lässt darin den alten Almweg sprechen: „So vüln han i auffi gholfn mit da schwarn Lost. Nit amol in Winta han i ghabt a Rost. Heut, wal i olt bin, habns mi gebn in Tallon, ohne Dank habens mi ogsetzt, dös han i jetzt davon. Owa dös oani, meini liabn Leit, muass i enk sogn: Wann i nit war gwen, hätts enka ganz Graffl aufn Buckl kinna auffi trogn!"

Die alten Wege und Straßen waren in erster Linie Fußwege. Sie waren Sym- bole eines geruhsamen Umgangs mit der Zeit, bei dem Termine und die Uhrzeit nicht im Mittelpunkt standen.

Das Zusammenleben

Das „Miteinand"

DIE KUNST DES ZUSAMMENLEBENS

Wenn eine Familie mit Vater, Mutter und Kindern unter einem Dach zusammenlebt, kann dies bereits zu Konflikten führen. Wie kompliziert wird es erst, wenn die Bauernfamilie mit zahlreichen Kindern, Knechten und Mägden mit deren Kindern, allerhand unverheirateten Onkeln und Tanten der Bauersleute und auch noch mit den Großeltern auf einem Hof lebt! Das Essen wurde gemeinsam eingenommen, noch dazu aus einer Schüssel, aus der sich alle bedienten. Geschlafen wurde auch fast immer zu zweit, zu dritt, zu viert in einer Kammer, Mägde und Knechte getrennt, Geschwister miteinander, oft sogar im gleichen Bett. Privatsphäre war so gut wie unbekannt. Wer allein sein wollte, der bekam ein Problem. Fast alle Arbeiten wurden in Gemeinschaft verrichtet, vom Zäunerichten im Frühjahr auf der Alm über das Mähen und Getreideschneiden im Sommer bis zum Dreschen und Flachsbrecheln im Herbst. Selbst die wenigen freien Stunden wurden gemeinsam verbracht. An Winterabenden saß man in der Stube, dem einzigen beheizten Raum, im Sommer traf man sich an den Feierabenden bei der Hausbank.

Ein Zusammenleben unter diesen Umständen konnte nur klappen, wenn sich der Einzelne zurücknahm und unterordnete. Am Hof herrschte eine klare Hierarchie. Ganz oben standen der Bauer und die Bäuerin, ihnen untergeordnet waren die Dienstboten, unter denen wiederum eine strenge Rangordnung existierte. Die oberste Stellung unter den männlichen Dienstboten nahm der „Moarknecht" ein. Die uralte Bezeichnung „Moar" leitet sich vom lateinischen Wort „maior", der Größere, ab. Am fränkischen Königshof wurde der Verwalter des Hauses „Majordomus" genannt. Der Familienname „Meier" leitet sich übrigens auch von der alten Bezeichnung „Moar" ab. Der „Moarknecht" war also der Anführer des Gesindes, der Chef der Knechte und der Stellvertreter des Bauern.

Ganz unten in der Hierarchie standen die Schulabgänger, die jüngsten Arbeitskräfte. Diese 14-jährigen Mädchen und Buben mussten zunächst allen gehorchen und hatten, wenn überhaupt, dann nur ihren jüngeren Geschwistern etwas zu sagen. Schon in den Namen, die ihnen, je nach Region verschieden, gegeben wurden, drückte sich ihre Position am Hof aus: „Schickbua", „Lauf", „kleines Mensch", „Kuchldirn" oder „Kleindirn". Eine ehemalige „Kleindirn" erinnert sich: „Was die große Dirn gesagt hat, das hab ich tun müssen. Das musst du lernen, sonst geht es nicht. Man lernt es und man weiß es und man muss es aushalten."

Sich unterordnen zu können, war ein Lernprozess, der bereits in der Kindheit begann und der in vielen Dingen des Alltags geübt werden konnte. Selbst bei Tisch herrschte eine Rangordnung. Gegessen wurde erst, wenn der Bauer oder der „Moarknecht" den Löffel in die Hand nahm. Ein Oberösterreicher erinnert sich noch gut an den Druck, den dies auf ihn ausgeübt hat: „Und wenn der Bauer aufgehört hat zu essen, dann war Schluss, dann haben alle aufgehört! Deshalb habe ich mir angewöhnt, schnell zu essen, weil man nie gewusst hat, wann es aus ist."

Die Kinder hatten ruhig zu sein, wenn Ältere sprachen: „Früher war es selbstverständlich, dass die Jungen stad gewesen sind, wenn der Bauer oder die Bäuerin oder die Großdirn geredet haben."

Einerseits sollten Untergeordnete und Kinder nicht „zurückreden", andererseits herrschte aber oft eine derbe Direktheit im Umgang miteinander. Eine Episode aus dem Salzkammergut: „Einmal, an einem Samstag, kommt die gnädige Frau bei uns vorbei, die Firmeninhaberin von der Sensenfabrik. Unser Großvater, der Ähnl, hat sich mit ihr immer gut verstanden. Die sitzt also da mit ihrem Nerzjackerl in der Stuben und sie fragt den Ähnl: ‚Und? Hast di heit schon bodt?' ‚Für wos soll i mi bodn!', sagt er. ‚An einem Samstag bodt man si!' ‚Na, i bin jo koa so a Drecksau wia du!', sagt er." Die gnädige Frau nahm das dem Ähnl nicht übel, im Gegenteil. So war der Alte halt und einen derben Ausdruck hat keiner krummgenommen, schon gar nicht im Salzkammergut.

Auch verbale Auseinandersetzungen wurden nicht selten sehr direkt ausgetragen. Auf Empfindlichkeiten wurde keine Rücksicht genommen. Man sagte sich die Meinung, es krachte vielleicht ordentlich und damit war häufig die Luft aus der Sache heraus. Ein kleines Beispiel aus dem südsteirischen Weinland: „Es war der 1. Mai, ich war eine junge Bäuerin und habe gerade Milch getragen. Da kommt ein Jäger zu mir her und sagt: ‚Du, ich habe deinen Hund erwischt, wie

Mehrere Generationen lebten unter einem Dach.

er einen Hasen gejagt hat!' Darauf ich: ‚Du, der Hund weiß halt auch, wenn ein Feiertag ist.' Sagt er: ‚Wenn er noch einmal jagen geht, erschieß ich ihn!' Dann ich: ‚Der Hund geht nur remmeln zu die Weiber. Dann muss man dich auch erschießen, wenn du gehst!'" Diese Frau versicherte mir, dass der Jäger diesen Angriff wortlos und ohne mit der Wimper zu zucken einsteckte. Sie hatte seine Drohung in eine Retourkutsche verwandelt, beide hatten ihr Gesicht gewahrt. „Wir sind aber immer gut auseinandergegangen, obwohl es zwischen uns oft dick hergegangen ist."

Auch Raufereien zwischen jungen Burschen waren an der Tagesordnung, aber ein länger andauernder Streit war unerwünscht. Sowohl in der Hausgemeinschaft als auch in der Nachbarschaft herrschte der Grundsatz: „Wenn etwas nicht gepasst hat, dann hat man natürlich auch einmal gestritten. Aber man hat sich ja gegenseitig gebraucht, darum hat man sich wieder geeinigt. Dass du nachgeben kannst und dass du auch einmal zurückstehen kannst, das ist das Geheimnis, damit es klappt am Bauernhof!"

In der bäuerlichen Gesellschaft herrschte ein klares Oben und Unten. Bauer und Bäuerin waren „Kapitän" auf dem Schiff. Sie hatten das erste und das letzte Wort. Der Bauer wurde von allen, auch von Dienstboten und von Hausfremden, als „Vatter" angesprochen, die Bäuerin als „Muatter". Das Du-Wort war

Es wurde gemeinsam gearbeitet und gemeinsam gefeiert.

undenkbar, selbst die eigenen Kinder mussten die Eltern mit „Es" und „Enk"
ansprechen, dem respektvollen „Sie". Eine heute siebzigjährige Frau: „Zur Mutter habe ich zum Beispiel gesagt: ‚Mutter, hobt's es.‘ Genauso ist die Großmutter angeredet worden: mit ‚Mutter‘ und mit ‚Es‘. So sind die Bauersleut angeredet worden, auch der Vater und der Großvater, die mit ‚Vatter‘ und ‚Es‘."

Sehr wichtig war das Grüßen. Kinder mussten jeden Erwachsenen, auch
jeden Fremden, respektvoll mit „Grüß Gott" grüßen. Wollte man etwas, sagte man „bitte", bekam man etwas, folgte „danke". Das gehörte sich, das war
Anstand und gutes Benehmen.

Die Zeit der Kindheit wurde als ein Einüben in richtiges Verhalten und
als allmähliche Eingliederung in den Arbeitsprozess verstanden. Das spätere
Zusammenleben hing in hohem Maße davon ab, inwieweit schon die Kinder
es lernten, sich ein- und unterzuordnen und auf den anderen zu achten. Dabei
wurde sehr früh Verantwortung übernommen: „Bei uns daheim haben die größeren Kinder auf die kleineren aufgepasst. Schon mit vier, fünf Jahren haben
wir den kleineren Geschwistern das Zutzerl gegeben oder das Kind geschau-
kelt. Und das ist dann langsam immer mehr geworden. Dann haben wir die
Kinder gewickelt, gefatscht und schlafen gelegt." Diese Frau betont, dass man
keine Angst hatte, den Kleinen könnte dabei etwas passieren. Man hat es den

Geschwistern zugetraut, dass sie alles richtig machen. Sie führt dies darauf zurück, dass die Großen, also die Erwachsenen, den Kindern vorgelebt hatten, wie man miteinander umgeht und „das ist einfach auf uns übergegangen".

Wenn der Hof übergeben wurde und die nächste Generation am Ruder war, barg das natürlich eine Menge Sprengstoff. Jetzt hatten sich Großmutter und Großvater den neuen Bauersleuten unterzuordnen. Die Qualität der Hofgemeinschaft zeigte sich in solchen Situationen. Schafften es die Alten, diese Umstellung zu akzeptieren, profitierte die ganze Gemeinschaft. „Leicht war es nicht, man möchte da und dort noch mitreden, aber jetzt schaffen die Jungen an."

Sehr hilfreich bei der Übergabe war die räumliche Trennung. Nun zogen die Alten in ihr „Auszugsstüberl". Sie nahmen wohl noch am Gemeinschaftsleben teil, aber sie hatten ihren eigenen Wohnbereich. Um zukünftige Konflikte möglichst zu umgehen, bemühte man sich im Übergabevertrag, alles Erdenkliche zu regeln. Das begann bei der täglichen Zuteilung der Milchration und endete bei der vertraglichen Zusicherung der gewohnten Kirchensitze, für deren Kosten nun die jungen Bauern aufzukommen hatten.

Genauso wichtig wie das Zusammenleben am Hof war die gute Übereinkunft mit den Nachbarn. Das Wort „Bauer" und das Wort „Nachbar" stammen beide nicht von ungefähr von der gleichen mittelhochdeutschen Vokabel ab. Einst wurden beide als „gebūre" beziehungsweise „būre" bezeichnet, was nichts anderes bedeutet als „Mitbewohner" oder „Nachbar".

Vor der Maschinisierung der Landwirtschaft war jeder Bauer in hohem Ausmaß auf die Hilfe seiner Nachbarn und auf guten nachbarlichen Zusammenhalt angewiesen. „Nachbarschaft ist bei uns immer großgeschrieben worden. Man hat sich immer gegenseitig geholfen. Einer hat eine Maschine gehabt und der andere hat sie ausgeliehen. Oder die Fassketten zum Reinigen der Weinfässer hat der Nachbar ebenso mitbenutzen können. Beim Getreideschneiden sind wir von einem zum anderen gegangen und haben zusammengeholfen, sonst wärst net fertig geworden! Es hat geheißen: ‚I hülf dir heit und du hülfst mir morgen!'"

Besonders, wenn alte Menschen zu pflegen waren und auch in der Nacht Betreuung brauchten, war nachbarliche Hilfe unersetzlich. „Bei uns im Haus war eine alte Frau, sie war 87 und hat einen Schlaganfall gehabt. Der Doktor hat gesagt, sie wird sterben. Da sind wir Tag und Nacht bei ihr geblieben. Immer, wenn jemand länger zu pflegen war, haben auch die Nachbarn geholfen. So eine Pflege hat damals nie länger als ein paar Monate gedauert. Die Nachbarschafts-

Auch Raufereien, hier eine gestellte Szene, gehörten für die jungen Burschen dazu.

hilfe war in so einem Fall so selbstverständlich wie Grüß Gott sagen. ‚Heit kumm i‘, hat's geheißen, ‚und i bleib die ganze Nacht da.‘"

Auch die Freizeit verbrachte man miteinander, das heißt, man saß „zamm" und redete, machte dabei kleine Handarbeiten und unterhielt sich. Gute Nachbarschaft hatte einen außerordentlich großen Wert und war fast noch wichtiger als die Beziehung zu den Verwandten. Umso dramatischer war es, wenn es doch einmal zu einer echten Feindschaft zwischen Nachbarn kam. Meist wurde wegen der Verrückung eines Grenzsteins gestritten oder es herrschte Uneinigkeit über eine Grenzziehung.

Wenn zwei Personen miteinander in Streit lagen, dann war es gute Sitte, sich wenigstens noch am Sterbebett zu versöhnen. Ein Mühlviertler Bauer erinnert sich an eine solche Versöhnung: „Da waren bei uns im Dorf zwei verfeindet und der eine liegt im Sterben. Da sagt die Frau: ‚Vater, geh auffi zum Nachbarn, damit ihr euch versöhnen könnt.‘ Der will net recht und sagt: ‚Was red i denn do?‘ Trotzdem muss er gehen, weil es sich so gehört. Na, dann hat er halt bei der Tür hineingeschaut und gesagt: ‚Und? Stirbst gern?‘ Der andere drauf: ‚I reiß mi net drum!‘ Und so waren die zwei wieder versöhnt."

Nachbarschaft bedeutete Verpflichtung und gegenseitige Abhängigkeit. Sie bedeutete aber auch Vertrautheit von Kindesbeinen an. Man war den langen Schulweg gemeinsam gegangen und hatte später die Jugend zusammen verbracht. Nachbar zu sein bedeutete, sich bei Geburt und Tod, beim Arbeiten und in Notfällen treu und zuverlässig beizustehen. Dieses System funktionierte im Prinzip solange, bis Traktoren und andere Maschinen alle Arbeiten übernahmen, die früher in Gemeinschaft geleistet wurden. Als die ersten Fernseher auftauchten, traf man sich auch am Abend nur mehr selten.

Der meist lange Fußweg zur Kirche war sonntags eine gute Gelegenheit gewesen, miteinander ins Gespräch zu kommen. Hier trafen sich nicht nur die nächsten Nachbarn, sondern es fanden sich viele Bewohner der Umgebung zusammen, um den Weg gemeinsam zurückzulegen. Als jeder sein eigenes Auto besaß, hörte auch dies auf.

Gewiss gibt es auch noch heute gerade am Land gute und unterstützende Nachbarschaft. Aber die einzelnen Höfe wurden autonomer und unabhängiger von der gegenseitigen Hilfe. Die Menschen wurden individueller in ihrem Freizeitverhalten und dadurch vielleicht auch ein wenig einsamer.

Die tägliche Hygiene

OHNE BAD UND OHNE DEO

Ein Leben ohne Badezimmer, ohne Zahnbürste, ohne Deodorant und nebenbei gesagt auch ohne täglichen Wäschewechsel – wie kann das gut gehen? Wer sich nur einmal in der Woche badet und sich bei harter körperlicher Arbeit mit täglicher Katzenwäsche begnügt, wie kann ein solcher Mensch keine Geruchsbelästigung für seine Mitmenschen darstellen und sich dabei wohlfühlen? Solche Fragen stellt nur, wer fließendes Wasser gewöhnt ist und sofort verfügbares Warmwasser für eine Selbstverständlichkeit hält, jemand, der über ein Badezimmer verfügt, das eine tägliche Dusche, gründliche Reinigung und jederzeit ein Wannenbad erlaubt.

Wenn jeder Liter Wasser aber vom Brunnen ins Haus getragen und dort, falls man warmes Wasser wünscht, am Herd erst erwärmt werden muss, dann bekommt auch die tägliche Körperreinigung einen ganz anderen Stellenwert. Unter solchen Umständen reicht es wohl, sich täglich mehr oder weniger gründlich zu waschen und sich einmal in der Woche zu baden.

Die Frauen wuschen sich meist in der Kammer mit Waschschüssel und Wasserkanne, die Männer im Hof beim Brunnentrog oder im „Grander", einem Steinbottich, der mit Wasser gefüllt war. Dieses Wasser war oft eiskalt, dennoch wurde es auch im Winter zum Waschen benutzt, selbst wenn man vorher das Eis aufschlagen musste. Beim Waschen mit Eiswasser entwickelten die Männer eine eigene Technik: Man holte sich das kalte Wasser mit den Händen zum Gesicht und blies es dann schnaubend und prustend wieder weg. Einer, der das erlebt hat, berichtet: „Schnell, schnell hat das gehen müssen, auch weil es so kalt war. Vielleicht hat man das Wasser durch das Blasen angewärmt, ich weiß es nicht mehr. Jedenfalls habe ich mir das angewöhnt und wasche mich heute noch so. Meine Frau lacht jedes Mal, wenn sie das sieht." Selbstredend, dass im Brunnentrog keine Seife verwendet wurde, denn das Wasser musste auch noch dem Vieh schmecken.

Am Abend nach der Arbeit das Gleiche: Gesicht, Hände und Oberkörper wurden gewaschen. Im Genitalbereich wusch man sich in der Regel nicht täglich. Oft hieß es: „Das wäscht sich eh von selber."

Parfümierte Seifen waren unbekannt. Wurde keine Schichtseife gekauft, verwendete man die selbst hergestellte Seife. Die allgemeine Erinnerung an die Seifenherstellung ist eine unangenehme, denn es hat im ganzen Haus gestunken. Diese Seifen bestanden aus tierischen Fetten, Knochen und Laugenstein: „Die feineren Knochen hat man zerschlagen und zermahlen. Dann hat man noch Darmfett, Talg und Bauchfett, das schlechtere Fett halt, dazugegeben und alles mit Laugenstein zähflüssig zu einem Brei verkocht. Stundenlang hat man rühren müssen. Das hat geschäumt und man hat ständig aufpassen müssen, dass es nicht übergeht." Danach wurde die Masse in ein flaches Gefäß geschüttet, in der sie fest werden konnte, bevor man sie in Stücke schnitt. Diese Seife wurde sowohl für die Körperreinigung verwendet als auch zum Putzen, etwa zur Bodenreinigung.

Die Zähne putzte man gar nicht: „Zähnputzen hat's net gebn." Sie wurden höchstens oberflächlich gereinigt: „In der Früh beim Waschen hat man sich den Mund ausgespült und vielleicht ein wenig mit den Fingern die Zähne geputzt." In manchen Familien war es üblich, sich die Zähne mit ein wenig Asche aus dem Ofen abzureiben.

Eine Kärntner Bäuerin hatte sich in ihrer Kindheit in den Vierzigerjahren bereits die Zähne mit der Zahnbürste geputzt. Ihr Großvater, der in seinem ganzen Leben niemals etwas Derartiges gemacht hatte, pflegte daraufhin immer zu

Füßewaschen im „Holzschaffel.

sagen: „So lang werds ihr noch putzen, bis ihr keine Zähne mehr werds haben!"
Er selbst hatte mit 80 Jahren noch alle Zähne, „schöne weiße Zahnderln und
kein einziger war faul". Er hatte zwar nie Zähne geputzt, aber auch kaum je
Süßigkeiten gegessen. Dieser Mann war kein Einzelfall: Immer wieder höre ich
von betagten Menschen, die ohne Zahnpflege alle Zähne behalten konnten,
die aber alle ihr Lebtag kaum Zucker zu sich genommen haben. Die Speisen
waren früher gar nicht oder mit Trockenfrüchten und Honig gesüßt, fast nie mit
Zucker, den man teuer zukaufen musste. Unter solchen Umständen trat Karies
selten oder gar nicht auf.

Gebadet hat man sich gewöhnlich einmal in der Woche. In vielen Famili-
en war es üblich, die Woche am Samstag mit einem heißen Bad oder zumindest mit einer Ganzkörperwaschung zu beschließen. Gegen drei, vier Uhr am
Nachmittag war Feierabend, das hieß, die Wochenendruhe konnte beginnen.
Ein großer Bottich aus Holz wurde in der Küche gerichtet, mit heißem Wasser
gefüllt und einer nach dem anderen badete, meist im gleichen Wasser. Zuerst
waren die Erwachsenen dran, anschließend die Kinder. Selten wurde das Wasser ausgewechselt, denn das Wasserholen und Wassersieden bedeutete nicht
wenig Arbeit. Nach dem Bad wurde die Werktagskleidung ab- und das schö-
nere „Gwand" angelegt. Der Sonntag, der einzige freie Tag der Woche, konnte
beginnen!

In manchen Häusern badete man sich nur ein paar Mal im Jahr, nur zu den
„Heiligen Zeiten", zu Weihnachten, zu Ostern und an den hohen Festtagen.
Im Sommer nach einer besonders staubigen Arbeit suchte man Abkühlung im
nächsten Bach oder richtete sich eine Schüssel mit Wasser und „hat sich owi
gwaschn". „Sich owi waschen" bedeutete lediglich die Reinigung des Oberkör-
pers.

Selten gewaschen wurde auch die Bekleidung. Da jeder nur „eine Handvoll
Stückl Gwand" besaß, wurde selten gewechselt, Unterwäsche und Oberbeklei-
dung nur einmal in der Woche. Der Gebrauch der Unterhose war für Frauen
lange nicht üblich. Bis ins 19. Jahrhundert trugen Frauen generell keine Unterhosen, im bäuerlichen Bereich noch länger. Vereinzelt wurde auch mir noch
berichtet, das „kleine Geschäfte" von den Frauen im Stehen verrichtet wurden:
„Unsere Ahnl, also unsere Großmutter, hat gar keine Unterhose getragen. Sie
hat zwei, drei Kittln angehabt, die bis zum Boden gereicht haben. Alle Tage in
der Früh, wenn sie in die Kirche gegangen ist, ist sie bei der Haustür hinaus und
ums Hauseck gegangen. Dort hat sie ihre Kittln füreinandgetan, angehoben,

Wäschewaschen war Schwerstarbeit.

und hat es im Stehen rinnen lassen. Meine Mutter hat dann schon eine Schlitz-hose gehabt, eine Unterhose mit einem Schlitz, und erst wir Kinder haben richtige Unterhosen gekriegt, wie man sie heute hat."

Auch die Bettwäsche wurde gewöhnlich nur zweimal im Jahr gewaschen. Hier gilt ebenso: Bevor wir darüber urteilen, sollten wir bedenken, wie viel Mühe ein Waschtag früher machte. Die Wäsche wurde gekocht, auf der Waschrumpel gerieben und in großen Bottichen oder im kalten Bach geschwemmt.

Sehr selten oder nie gereinigt wurden die Sonntagskleidung, die dunklen Anzüge und die Kleider aus „besserem Stoff". An so manchem „Maunerrock", dem Sonntagssakko, konnte man an den Gulaschflecken ablesen, wie oft der Träger im Lauf der Zeit im Gasthaus gewesen sein muss. Gewaschen wurde er trotzdem nicht, er war ja ein „Sonntagsrock". Dazu passt auch folgende Geschichte: „Für unsere Kirchensammlung habe ich einmal von einer alten Frau einen Mantel für die Mission bekommen. Sie hat ihn dreißig Jahre lang getragen und zwanzig Jahre ist er dann im Kasten gehängt. Da hab ich gesagt, ich lass ihn putzen. Hat sie gemeint, das ist nicht notwendig, war eh ein Sonntagsmantel!"

Unter diesen Umständen taucht wieder die Frage nach dem Körpergeruch auf. Dazu zwei Erklärungen. Eine Kärntner Bauerntochter meint: „Ich muss ehrlich sagen, früher haben sich die Leute weniger gewaschen als heute. Und auch das Gwand haben sie nur einmal in der Woche gewechselt. Aber sie haben auch weniger gestunken als heute, wo man sich jeden Tag duscht. Durch das viele Waschen wird alles angeregt. Es erscheint fast logisch, dass man nicht so stark riecht, wenn man sich nicht so oft wäscht! Oder es kann auch sein, das man das früher nicht so gerochen hat wie heute. Heute sind unsere Nasen ja viel empfindlicher!"

Eine Innviertlerin hingegen meint, dass keiner gestunken hat, weil alle gleich gerochen haben: „Wir haben alle den gleichen Geruch an uns gehabt. Wir hätten nie sagen können, dass einer stinkt, weil wir Gruohne waren, wie wir gesagt haben, ohne Geruch. Der ganze Hof hat den gleichen Geruch gehabt. Heute ist das anders. Wenn einer aus dem Stall hereinkommt. Mmh, wie das stinkt! Ein jeder schmeckt das heute."

Dieselbe Frau berichtet, dass man sich in ihrer Jugendzeit am Abend nach dem Melken gleich im Stall gewaschen hat, da, „wo die Kühe den Arsch haben". Nach dem Melken ist im Milcheimer immer noch der Milchschaum zurückgeblieben, der beim Handmelken entsteht. Mit heißem Wasser aufgegossen, ergibt das ein wunderbares Waschwasser.

Körperhygiene war selbstverständlich, aber mit anderen Mitteln als heute und ohne Badewanne, Waschbecken und Dusche. „Man hat nix anderes gekannt" und hat sich so gereinigt, wie man es von den Eltern und den Großeltern gelernt hatte. Erst mit dem Einbau der ersten Badezimmer setzte ein radikaler Wandel der Gewohnheiten ein. Und damit wohl auch eine Sensibilisierung des Geruchssinnes, der nun Körpergerüche als störend wahrnahm, die zuvor jahrhundertelang niemanden gestört hatten.

Die Barfußkinder

FREIHEIT UND VERANTWORTUNG

„Bloßfüßig" zu gehen, war nicht unbedingt ein Zeichen der Armut. Im Sommer gingen alle Kinder, außer am Sonntag zur Kirche, immer ohne Schuhe. Durch das ständige Barfußlaufen waren die Fußsohlen unempfindlich geworden und man spürte weder steinige Wege noch Stoppelfelder. Erst im Herbst, wenn der erste Reif kam, war es zu Ende mit dem Laufen ohne Schuhe. Da die Qualität der Schuhe früher eher schlecht war, denn das Schweinsleder war steif und „bockig" und wärmte nicht, freuten sich viele Kinder schon auf das Frühjahr, wenn man endlich wieder auf den bloßen Sohlen gehen konnte.

Das Leben der Kinder auf den Höfen war geprägt von Arbeit und früher Verantwortung, aber auch von größerer Freiheit, als es die Kinder heute kennen. Die Kinder wuchsen nicht wohlbehütet auf, es wurde mehr von ihnen gefordert, aber sie hatten auch in manchen Bereichen größeren Freiraum als heute.

Jedes Kind war eine wichtige Arbeitskraft und eine wertvolle Stütze bei vielen Arbeiten. Die Kinder lernten früh sämtliche Arbeiten auf dem Bauernhof: die Stallarbeit, das Mähen mit der Sense, das Holzschneiden mit der Zugsäge und das Pflegen und Füttern der Tiere.

Ein schönes Beispiel, wie viel man den Kindern zugetraut hat, ist die Geschichte einer Oststeirerin, die schon als Kind mit ihren Geschwistern beauftragt wurde, auf der Alm nach dem Vieh zu sehen. Jeden Nachmittag sollten sie auf die Alm wandern und überprüfen, ob es den Tieren gut ging, ob eines fehlte oder ob eines krank war. Das bedeutete eine enorme Verantwortung, wenn man bedenkt, dass Vieh der wertvollste Besitz des Bauern war. Man traute den Kindern hier genug Gespür und Fachwissen zu, um die Herde zu überprüfen und um Erkrankungen rechtzeitig zu erkennen.

Wie stark gefordert und auch überfordert die Kinder waren, zeigen die Erlebnisse eines damals zwölfjährigen Buben auf einer Hochalm bei Donnersbach in der Obersteiermark. Um als „Halterbub" von Mitte Juni bis Mitte September auf die Alm zu gehen, wurde er von der Schule freigestellt. Seine größere Schwester war die Sennerin, er war der „Halterbub". Der Zugang zur Alm war nur über eine Scharte möglich. Das Vich von dieser Alm war wegen der schluchtartigen Gräben und der steilen Weiden extrem absturzgefährdet. Das war eine sehr große Verantwortung für ein Kind, aber „einer musste es ja machen". Da es keine Zäune gab, musste der Bub Tag und Nacht bei jedem Wetter beim Vieh sein. Die Kleidung war mangelhaft, Regenschutz gab es keinen und auch weit und breit keinen Baum zum Unterstellen.

Bei einem Gewitter wurde es schneller finster, wenn der Nebel in den Berggipfeln hing. War der Bub draußen beim Vieh, wurde seine Lodenkleidung sofort patschnass. So musste er so manche Nacht durchhalten und nebenbei noch die große Verantwortung für das Vieh tragen. „Einmal hat mich das Gewitter in der Hütte erwischt. Es hat drei Stunden gewettert. Ich habe geglaubt, ich bin da drinnen sicher, da hat es nur 20 Meter entfernt in eine Lärche eingeschlagen. Mit zwölf hat man da natürlich große Angst!"

Die einzige absturzsichere Weide war für den Sonntag reserviert. Denn dann ging das Kind mit der Almbutter beladen nach Hause und brachte von dort wieder frische Lebensmittel mit hinauf. Bei flotter Gangart brauchte er hinunter drei Stunden und hinauf vier, beladen mit seiner schweren Last.

Dennoch erinnert er sich auch an schöne Dinge: „Es war herrlich, wenn um fünf Uhr früh die Sonne durch die Bretterritzen in die Hütte geschienen hat. Meine Schwester hat dann die Kühe gemolken und ich habe am offenen Feuer Polenta gekocht. Dazu gab es Butter und kuhwarme Milch. Das Schöne auf der Alm hat überwogen!"

Den Kindern wurde mehr zugemutet, aber auch mehr zugetraut. Man behütete sie nicht ängstlich und ließ sie ohne Weiteres unbeaufsichtigt draußen spielen. Sie durften, wenn die Arbeit es erlaubte, am Schulweg stundenlang trödeln, niemand machte sich Sorgen, wenn die Kinder allein im Wald spielten, Hütten bauten und Abenteuer erlebten.

Ein 1931 in der Sölk geborener Mann: „Zum Spielen haben wir herumlaufen können, wie wir wollten. Am Bach haben wir Forellen gefangen und Brücken

Man beachte die bloßfüßigen Schüler in der ersten Reihe.

gebaut und sie mit zugeleitetem Wasser wieder weggeschwemmt. Im Wald haben wir mit Fichtenzapfen gespielt, das waren unsere Kühe und die Ochsen waren kleine Aststücke. Die Freiheit beim Spielen haben wir uns selber gesucht."

Die Schulwege waren zwar lang, aber sie bedeuteten auch ein Stück Freiheit für die Kinder. An vielen Bächen befanden sich Mühlen, deren Mühlräder zwar nicht ungefährlich, dafür aber umso interessanter waren. „Wir haben uns in die laufenden Mühlräder hineingestellt und versucht, das Gleichgewicht zu halten. Natürlich ist einer hie und da ins Wasser gefallen." Am Wasser zu spielen, war überhaupt sehr aufregend. Man konnte in den Bächen Wehre bauen und mit den Händen Forellen fangen.

Da die Schuljause für die meisten Kinder sehr bescheiden war, hatten sie am Nachhauseweg oft schon großen Hunger. Manchmal bot sich am Schulweg eine Möglichkeit, sich Leckerbissen zu verschaffen oder einfach nur seinen Hunger zu stillen. „Ich habe mir einen langen Stecken genommen und vorne einen Nagel draufgetan und mit dem habe ich beim Kellerfenster der Nachbarn die Äpfel aufgespießt."

Nicht nur süßes Obst war begehrt, auch der scharfe Rettich schmeckte den Kindern: „Im Herbst ist der Rettich als Wintervorrat in die Erde eingegraben worden. Den haben wir heimlich ausgegraben und gegessen."

Auch in der kalten Jahreszeit boten sich viele Möglichkeiten, den Schulweg ein wenig in die Länge zu ziehen. „Oft haben wir uns am Nachhauseweg in die Haarstube beim Nachbarn gesetzt, weil es dort schön warm war, und Karten gespielt." In der „Haarstube" wurde um diese Zeit eingeheizt, da dort das „Haar", der Flachs, gedörrt werden sollte, bevor er gebrechelt wurde.

Mit großer Freude erinnert sich eine Südsteirerin an ihren Schulweg: „Im Winter, wenn es geschneit hat, haben wir uns auf die Schultaschen gesetzt und sind die Hänge hinuntergerutscht. Wir waren ja 10, 15 Kinder. Wo viele sind, ist es auch lustiger! Und wenn es dann angereift und gefroren war, haben die Ersten in den Schnee geschrieben: Ich bin schon vorne! Und wir anderen hinten nach! Und so ist es dann schon auf'd Nacht geworden, bis wir nach Hause gekommen sind."

Auf dem Nachhauseweg zu trödeln, war nicht verboten. Solange daheim keine dringende Erntearbeit wartete, war es den Kindern vergönnt, sich zu verspäten. Eine Uhr hatte niemand und Gelegenheit zum Spielen bot sich immer.

Ein Bubenspiel in der Obersteiermark um Eisenerz war das „Putschögln". Den Putschögl, einen selbst gemachten spitz zulaufenden kleinen Holzstecken, hatte hier jeder bei sich. Nun warf einer seinen Putschögl in die Erde und die anderen mussten ihn „pecken", also umstoßen. Ist der Putschögl umgefallen, kam der Nächste an die Reihe.

Auch nach Schulschluss maßen die Buben ihre Kräfte. Es bildeten sich Parteien, man jagte einander und bekämpfte sich: „Wir haben eine Hetzjagd gehabt und uns gegenseitig mit Holzscheiteln beworfen. Diese Sache ist am nächsten Tag in der Schule natürlich zur Sprache gekommen. Trotzdem haben wir es wieder gemacht. Das waren halt die Bubenstreiche."

Buben durften wild und abenteuerlustig sein. Man akzeptierte auch eher als heute, wenn sie einmal über die Stränge schlugen. Lausbubenstreiche waren halt „ein Blödsinn, den man früher, als man jung war, selbst auch gemacht hatte".

Die Erziehung war zwar streng in dem Sinne, dass man keine Widerrede gegen Ältere duldete. Aber man war nicht besonders empfindlich, wenn die Kinder untereinander ihre Angelegenheiten regelten: „Früher beim Schulgehen, da hast halt einmal anständig gerauft, du hast getuscht oder bist getuscht worden, und dann hast daheim eh nix zu erzählen getraut! Die Eltern hätten eh nur gesagt: ‚Bist selber schuld!' Und am nächsten Tag waren wir wieder die besten Freund!"

Ein Salzburger aus Bad Gastein berichtet, dass die Buben in seiner Jugend am Schulweg „geranggelt" hätten. Ranggeln ist eine Art des Ringens, die vor

Im Herbst trugen die Buben lange Unterhosen unter der kurzen Hose.

allem in Salzburg, Tirol, Bayern und Oberkärnten verbreitet ist: „Durch's erste Ortschaftl durch und schon sind die ersten Streitereien aufgekommen. Und aus so einer kleinen Streiterei ist gleich einmal eine kleine Rauferei geworden. Dann haben wir gerauft und geranggelt. Das war so üblich bei uns. Sieger ist, wer den anderen unten einibringt. Am besten geht das mit einem guten Wurf. Die Buben haben das heute noch in sich. Es geht immer darum, wer der Stärkere ist."

Zu einem „Buamerleben" gehörte auch der entsprechende Inhalt der Hosentasche. Ein ehemaliger Bergmann, 1939 geboren, erinnert sich: „Ein Bub hatte immer ein Messer und eine Schnur bei sich. Die Schnur hast immer für irgendetwas brauchen können, oft hast zwei Stecken zusammenbinden müssen und einen Bogen bauen. Eine Schnur war immer nützlich. Den Feitel braucht man zum Schnitzen und zum Spielen. Da hat es ein Spiel gegeben, das Feitelpecken. Dabei muss man mit dem Messer verschiedene Figuren werfen. Wenn das Messer in einem rechten Winkel im Tisch stecken bleibt, dann war das ein Fünfziger, bei 180 Grad ein Hunderter. Heute heißt's, ein Kind darf kein Messer und kein Feuer haben, aber das ist falsch! Es muss wissen, was ein Messer tut und was Feuer tut. Es muss wissen, wie man ein Messer beim Bogenmachen und beim Speermachen halten muss. Das ist wichtig, dass es sich nicht wehtut. Genauso ist's beim Feuer. Feuerl machen, das war für uns ganz normal. Wir haben einen Erdäpfelacker gehabt und dort haben wir frische Erdäpfel gebraten, während die anderen noch Erdäpfel ausgegraben haben. Es war überhaupt keine Frage, dass wir da Feuer machen durften. Der Vater hat uns das einmal gezeigt und dann haben wir gewusst, wie es geht."

Gelernt hat man, indem man dabei war, zusah und früh selbst probierte. Mädchen mussten im Prinzip alles lernen, was die Mutter konnte, Buben sollten vom Vater lernen.

„Wir sind heim von der Schule und schon haben sie uns überall zuwigetan. Zur Mutter in die Kuchl. Ich weiß noch genau, wie ich bei ihr gelernt habe, die Wuchteln zu Kugeln zu schleifen. Ich hab's nicht können und da hat sie mir eine geschmiert. Das vergess ich mein Leben nicht und ich denk heut noch oft dran."

Dieselbe Frau lernte von ihrer Mutter auch, was beim Sauschlachten zu tun war. „Da ist sie daneben gestanden und hat gesagt: ‚Jetzt nimmst a Saupech und reibst damit Kopf und Haxeln ein.' Sie hat mir alle Schritte der Reihe nach erklärt. ‚Und jetzt kommt Wasser drauf und das Wasser muss aber die richtige Hitze haben. Wenn es zu kalt ist, gehen die Borsten nicht ab, wenn es zu heiß ist, dann verbrennst du die Haut und dann gehen die Borsten auch nicht herunter.' Sie ist die ganze Zeit danebengestanden und hat mir alles erklärt und gesagt: ‚Dirndl, so tuast!'"

Im idealen Fall setzten die Kinder ihren Ehrgeiz daran, so schnell wie möglich viel zu lernen und eine vollwertige Arbeitskraft zu sein. Die Jungen waren angespornt, die Alten zu übertrumpfen oder es ihnen zumindest gleichzutun. Wurden die Kinder gelobt und bekamen sie Anerkennung, dann war dies ein Anreiz, nicht nachzulassen und bei der Arbeit nicht schlechter zu sein als die anderen. „Wir haben immer arbeiten dürfen, nicht müssen. Es hat immer geheißen: Kannst du das schon? Schaffst du das schon? Man will sich als Kind ja auch messen und so viel können wie die ältere Schwester oder der ältere Bruder. Wenn wir unser Pensum geschafft haben, dann sind wir gelobt worden und dann haben wir Freizeit gehabt."

Diese Bauernfamilie war ihren Kindern gegenüber sehr einfühlsam. Man hat sich auch bemüht, den Kindern als Belohnung für besondere Arbeiten etwas zu kaufen, etwa ein „Kracherl" im Gasthaus oder Wurst vom Kaufmann. Eine solche Wurst war eine seltene Delikatesse, denn „Würstl" produzierte man selbst und kaufte sie eigentlich niemals als aufgeschnittene, abgewogene Ware. Extrawurst oder Knackwurst waren daher gesuchte Leckerbissen.

Arbeit gab es für jeden, auch schon für die Kleinsten: „Meine Schwester war erst vier Jahre alt, die hat sich einen Schemel genommen und ist den ganzen Tag bei der Abwasch gestanden und hat Geschirr abgewaschen."

Die Kinder waren von klein auf einfach dabei. Man nahm sie mit aufs Feld, etwa zum Getreideschneiden. Babys setzte man in einem Korb unter einen Baum in den Schatten. Die Kinder sind an der frischen Luft ohnedies meist schnell eingeschlafen. Kinder, die schon gehen konnten, durften mithelfen, zum Beispiel Ähren einsammeln.

Kinder, die Glück hatten und nicht etwa als ledige Kinder zu anderen Bauern in den Dienst mussten, durften langsam in alle Arbeitsbereiche hineinwachsen. Wenn das Umfeld stimmte, entstand ganz von selbst ein natürlicher Ehrgeiz. „Ich habe als Kind bei der Waldarbeit mitgeholfen. Wenn ich da eine gute Leistung gebracht habe, war ich sehr stolz darauf!"

Mit etwa 14 Jahren war man „ausgelernt". Bereits in diesem Alter hatte das Kind, ob Mädchen oder Junge, sich schon oft bewähren müssen. Notgedrungen und nicht immer freiwillig hatte es auch gelernt, seine Bedürfnisse und Ansprüche einzuschränken. Aber der Kontakt zur Mutter und ihrer Arbeit, zum Vater und seiner Arbeit war in all diesen Jahren sehr eng. Die Kinder wussten von klein auf genau, welche Arbeit die Eltern verrichteten und was später einmal von ihnen erwartet werden würde. Sicher ist dies eines der Dinge, die in unserer modernen Kultur verloren gegangen sind. Die wenigsten Kinder wissen genau, was ihre Eltern arbeiten. Möglicherweise aber trägt dieser Kontakt zur Arbeitswelt der Eltern mehr zur Identitätsfindung des Einzelnen bei, als wir wissen und vermuten.

Was eine Gaudi ist!

LUSTIG WAR'S!

Ein wesentliches Merkmal für eine anständige Gaudi war das Beisammensein von vielen Menschen. Gemeinschaftsarbeiten waren auch deshalb so beliebt, weil es bei diesen Anlässen fast immer lustig zuging. Das „Maschinendreschen" war so eine Arbeit. Eine Dreschmaschine wurde ausgeborgt und alle verfügba-

Nach Gemeinschaftsarbeiten, wie hier beim „Maschindreschen", ging es oft lustig her.

ren Nachbarn kamen zusammen, damit die Arbeit bewältigt werden konnte. „Um vier aufstehen und um sechs hat die Dampfmaschine gepfiffen, da hat alles da sein müssen. Das war harte Arbeit, Staub den ganzen Tag, aber bei der Jause ist wieder gelacht worden. Niemand hat gejammert, nix, a Gaudi haben wir gemacht!" Bei solchen Gelegenheiten konnten die Späße auch recht derb ausfallen: „Beim Dreschen ist es einem Buam eingefallen, dass er von der Dreschmaschin auf einen Mann herunterpisst. Noch Jahrzehnte später, da waren beide schon alt, hat der noch gesagt: ‚Woaßt noch, wia du owapischt host auf mi?'"

Viele der Gemeinschaftsarbeiten endeten am Abend mit einem Tanz, zum Beispiel dem „Brecheltanz" nach dem Flachsbrecheln, dem „Hopfentanz" nach dem Hopfenzupfen, dem „Maschintanz" nach dem Dreschen oder dem Tanz nach dem „Woazschälen", dem Entfernen des Maisstrohs vom „Kukuruz".

Zu so einer Unterhaltung brauchte es nicht viel: „Um 11 in der Nacht waren wir mit dem Woazschälen fertig, dann ist ein Harmonikaspieler gekommen, wir haben die Tenn ausgeräumt und ein bissl getanzt. Ein Most und ein Brot, Weintrauben, vielleicht frühe Äpfel, mehr haben wir nicht gehabt, aber es war trotzdem lustig."

„Beim Maschintanz haben die Burschen die Mädchen mit Ofenruß oder mit Schuhcreme schwarz gemacht. Und was für eine Gaudi das war! Zwei, drei Mal haben dich die Nachbarbuam erwischt, bis du nimmer erkennbar warst. Schon vorher beim Dreschen war es lustig, weil auch der Heizer, der den ganzen Tag die Dampfmaschine einheizt, ganz schwarz war. Wenn der dich angreift, bist auch du ganz schwarz. Der Heizer war meistens ein lustiger Kerl, der war in der Früh als Erster da und am Abend der Letzte, der gegangen ist. Wie lang das gedauert hat? Oh, Maria, wir sind gar nimmer zum Schlafen gekommen!"

Gemeinsam arbeiten und danach gemeinsam feiern, das gehörte zusammen. Eine Oststeirerin erzählt, wie es beim Brecheln zugegangen ist: „Ich war ja nur eine Keuschlerdirn, aber meine Godl war eine große Bäuerin. Und die hat mich in der Zeit von Allerheiligen bis Advent immer zum Brecheln eingeladen. Auf den Tag habe ich mich schon gefreut, denn das Brecheln war ein großes Fest! Schon beim Brecheln selbst war es recht lustig, denn immer wieder hat einer den anderen mit Ruß angeschwärzt. Einmal haben die Mannerleut die Weiber erwischt, dann wieder die Weiberleut die Männer! Man ist in die Haarstube gelaufen, hat eine Handvoll Ruß geholt und hat einen schwarz angeschmiert!

Wenn man mit der Arbeit fertig war, hat man sich gewaschen und umgezogen und dann ist die Gaudi erst richtig losgegangen. Meine Godl hat große Mengen an Strudel gemacht, sieben, acht Reinen, denk ich wohl. Gute Strudel waren das, mit Weinbeeren! Und die süßen Brandweinnussen, die waren auch sehr gut! Da haben dann die Leut, Nachbarn und Schulbuben, beim Fenster angeklopft und, wenn man aufgemacht hat, haben sie einen Spieß hineingehalten, damit man ihnen ein Essen draufsteckt. So ist jeder zu seinem Teil gekommen. Meistens war auch noch ein Spielmann da, ein Harmoniespieler, und hat zum Tanz aufgespielt. Beim Brecheln hat man das Tanzen gelernt! Dann haben wir noch gespielt, ‚Johann komm herein‘, das war ein Versteckspiel, und andere Spiele. Lustig war's und vor zwei Uhr in der Nacht sind wir meistens nicht heimgegangen."

Beim Brecheln wurde der gedörrte Flachs durch heftiges Auf- und Niederschlagen des Brechelschwerts von den holzigen Bestandteilen befreit. „Der Abfall hat gejuckt wie der Teufel. Den hat man halt unbemerkt den anderen gerne unter das Gewand geschoben." Den Neckereien während der Arbeit folgte die „Hetz" am Abend. Es wurde gegessen, getanzt und gespielt. „Bei uns war das so, wenn die Leute nach dem Brecheln zusammengekommen sind, dann hat sich einer unter der Bank versteckt und den Frauen die Kittln zusammengenäht."

Eine gern gesuchte Unterhaltung für die Jugend war es, Spiele zu spielen. Für diese alten, heute fast vergessenen Gesellschaftsspiele brauchte man nicht mehr, als ohnehin in jeder Stube vorhanden war: eine Bank, manchmal ein Häferl voll Mehl oder Ofenruß, einen Stock oder ein Tuch.

Aus dem Mühlviertel sind viele dieser alten Spiele überliefert. Ein Altbauer erinnert sich: „Unsere Spiele? Auf jeden Fall Blödsinn wie das Pfefferstoßen! Da haben wir eine Bank hingestellt und zwei Burschen hängen sich mit den Füßen dran, jeder auf einer Seite. Da hast du dich dann aufschwingen müssen und wieder zruck und dabei bist du mit dem Hintern zammgestoßen, das war halt so ein Blödsinn, aber ein lustiger!"

Beliebt waren auch Spiele wie das „Stockschlagen", das mit kleinen Veränderungen auch „Eselreiten" genannt wurde: „Einer steht gebückt, den Hintern zu den Leuten, und muss sich die Augen zuhalten. Einer von denen, die hinter ihm stehen, haut ihm jetzt auf den Hintern und der Geschlagene muss erraten, wer es war. Wenn er es erraten hat, kommt der dran, der hingeschlagen hat." In einer Variante lehnt sich derjenige, dessen Namen erraten wurde, daraufhin über den Gebückten. So wird die Schlange immer länger, bis schließlich ein Spaßvogel von hinten angeschoben hat und alle Spieler umgefallen sind. Das nennt sich dann „Eselreiten".

Mehr war nicht nötig, um sich einen ganzen Abend lang prächtig zu unterhalten. Viele dieser Spiele lebten davon, dass junge Burschen sich vor den Mädchen produzierten. Sie maßen sich in Kraft und Ausdauer, wie beim Fingerhakeln oder beim Fußhakeln, oder zeigten ihre akrobatische Geschicklichkeit, wie beim „Pfefferstoßen".

Der Sinn der Sache war, sich gut zu unterhalten, und wenn's ein wenig derb zuging, machte das gar nichts, ganz im Gegenteil! Auch beim „Mehlabhausen", das aus dem Mühlviertel überliefert ist, durfte man nicht zimperlich sein. „Einige Buam sitzen auf der Bank, einer geht hinaus und inzwischen füllt sich drinnen einer das Maul mit Mehl an. Jetzt geht der wieder herein und muss erraten, wer das Mehl drinnen hat. Er klopft dem drauf, von dem er glaubt, dass er das Mehl im Maul hat. Wenn er es erraten hat, dann bläst der ihm das Mehl ins Gesicht. Wenn derjenige aber schon länger gesucht hat, geht das nicht mehr so recht, weil das Mehl inzwischen zu einem Papp geworden ist. Das ist dann auch ganz lustig, wenn der einen Teig im Maul hat."

Spiele wie „Tellerreiben" waren wegen des Überraschungseffektes beliebt: „Wir haben uns alle an einen Tisch gesetzt und dann sind uns die Augen verbunden worden, nur einem nicht. Der hat dann jedem einen Teller hingestellt, aber einer davon war an der Unterseite voll Ruß. Jeder hat jetzt unter die Tel-

In Oberösterreich und Bayern war es der Brauch bei einem Neubau den Firstbaum zu
stehlen. Bei der Auslöse des Firstbaums gab es reichlich zu essen, zu trinken und viel
„Gaudi".

ler hineingreifen müssen und sich mit den Händen fest die Wangen und das
Gesicht reiben. Dann hat der eine gesagt: ‚Binden weg!' Und dann haben alle
geschaut, wer schwarz ist!"

Spiele in dieser Art wurden nicht an jedem beliebigen Abend gespielt, sondern nur zu bestimmten Anlässen, genauso wie man nur zu ganz bestimmten
Zeiten im Jahr tanzen durfte. Im Sommer, im Advent und in der Fastenzeit
waren Tanzen und andere Unterhaltungen verboten. Zu einer richtigen Gaudi
gehörte also auch, dass sie nur selten und nur zu festgelegten Zeiten stattfinden
durfte.

Manche der alten Spiele funktionierten nur ein einziges Mal: nämlich dann,
wenn man einen Ahnungslosen gefunden hatte, der noch nicht wusste, wor-
um es eigentlich ging. Für die Zuseher war es eine willkommene Unterhaltung,
wenn ein gutgläubiges Opfer ein ihm bislang unbekanntes Spiel kennenlernte.
Das Spiel „Sterngucken" gibt es in verschiedenen Varianten. Eine geht so: Man

redet einer Person ein, sie werde gleich durch ein „Fernrohr" die Sterne betrachten können. Man öffnet das Fenster und lässt denjenigen durch ein Ofenrohr den Sternenhimmel beobachten. Draußen steht aber ein in das Spiel Eingeweihter und schüttet Wasser durch das Rohr. „Die Stern hast nie gsehn, dafür hast aber einen Plätschen Wasser ins Gesicht gekriegt! Jeden hast nur ein Mal drangekriegt, ein zweites Mal nicht mehr!" Bei dieser Art von Spielen waren dem Einfallsreichtum keine Grenzen gesetzt. Es kam nur darauf an, eine Person „dranzukriegen".

Ganz ähnlich funktionierte das In-den-ersten-April-Schicken. Auch hier war es wichtig, sich schon im Vorfeld zu überlegen, wie man sein „Opfer" hereinlegen könnte. Je mehr Einfallsreichtum man an den Tag legte, desto besser. Eine Bäuerin wurde als Mädchen von ihrer Mutter zum Kaufmann geschickt: „Geh, bring zehn Deka Oxdradium!" Das Dirndl ging brav zum Kaufmann, wo man die merkwürdige Substanz natürlich nicht kannte. Wie auch: Es war eine Verballhornung von „Ochs, drah di um".

Wortwitz und Originalität brauchten auch die „Gstanzlsänger", die ihre Verse spontan zum Gaudium der Zuhörer dichteten. Ihren Unterhaltungswert bezogen sie zu einem großen Teil daraus, dass einzelne Personen aufgezogen wurden. Man deckte Geheimnisse auf, legte Schwächen offen und sprach ungeniert aus, was ohnehin alle wussten.

Ein Gstanzl bei einer Hochzeit, das natürlich ein wenig übertrieben war, aber den Kern des Problems dennoch ansprach, konnte etwa lauten: „Die Braut ist kaum vierzig, der Bräutigam bald hundert, wie die zwei sich ham gfunden, des hat mich schon gwundert." Ein Trommelwirbel, ein Tusch und es folgte der nächste Spontanreim.

Gute Gstanzln sind voll Witz und Spontanität. Diese Vierzeiler aus dem Stegreif zu reimen und sie nebenbei noch punktgenau auf eine Person zu richten, das ist eine eigene Kunst, die man schwer erlernen kann. Der Meisinger Franz, ein begnadeter Gstanzlsinger aus dem Mühlviertel, erklärt es so: „Das Gstanzlsingen ist eine Gabe. Das kannst du nicht lernen. Du hast es oder du hast es nicht. Du kannst auch die Manieren dazu nicht lernen. Es gibt welche, die grob und ungezogen reimen, das ist nicht richtig, denn man sollte nie beleidigend werden. Aber es muss doch so sein, dass es den anderen ein bissl zwickt."

Steht ein Anlass bevor, etwa eine Hochzeit, dann informiert sich der Gstanzlsinger unauffällig über die betreffenden Personen. Wenn diese dann „angesungen" werden, lässt sich der Sänger zwar von der Intuition leiten, schöpft

Zu einer guten Unterhaltung brauchte es nicht viel, ein Harmonikaspieler war jedoch meistens dabei.

dabei aber auch aus dem Gehörten und Gesehenen. Wie treffend und fein die Gstanzln des Meisinger Franz sind, kann ich aus eigener Erfahrung bestätigen. Nachdem wir eine Zeit lang „zammgsessn" sind, hat er Gstanzln auf mich und meinen Mann gesungen und sie passten genau!

Die traditionellen, echten Gstanzln haben einige Ähnlichkeit mit dem Rap-Gesang. Beide sind gereimt, beide sind spontan und beide nehmen direkt Bezug auf eine Person oder eine Situation. Für Rapper gibt es den „Battle", den Wettkampf zwischen zwei Personen. Genau das haben die Gstanzlsinger schon viel früher für sich entdeckt: das „Gegeneinandersingen". Der eine fordert den anderen mit einem Gstanzl heraus, etwa: „So gscheite Leit sind von Haus aus schon rar, owa so gscheit wie du bin i oft a!" Der Herausgeforderte singt nun zurück. Eines ergibt das andere, solange, bis der Schlagfertigere feststeht oder bis man abbricht.

Ein Gstanzl ist lustig, wenn es „sitzt". Dann wird gelacht und der Musikant spielt „nachi". Währenddessen hat der Sänger kurz Zeit, sich wieder zu sammeln und weiter geht's, der Nächste wird „angesungen". Ein guter Gstanzlsinger kann bis 40, 50, ja 100 Personen ansingen. Kommt dann noch einer daher und singt „dagegen", dann wird es richtig lustig.

Personen voll Witz und echtem Humor, Originale in ihrer Art, scheint es heute tatsächlich seltener zu geben als früher. In Kärnten wurde mir von einer Hebamme erzählt, die immer, wenn sie zu den Hausgeburten auf die Berg-bauernhöfe ging, ihre Ziehharmonika mit dabeihatte. Wenn die Wehen nicht „weitergingen", dann spielte sie auf ihrem Instrument ein paar Lieder, um der Frau zu helfen, sich zu entspannen. Wusste sie, dass es nicht mehr lange dauern würde, dann erzählte sie gerne ein paar Witze. Diese Frau hatte Sinn für Humor und die Gebärenden müssen wohl auch die gleiche Art von Humor besessen haben.

„Lustig ist es gewesen, lustiger als heute!" „Warum?" „Weil man sich mehr miteinander unterhalten hat. Weil man mehr zusammen war. Denn sich gut zu unterhalten, das muss man auch lernen!" Diese ältere Frau, die als Bauerntoch-ter aufgewachsen war, verweist auch darauf, dass heute jedes Kind sein eigenes Zimmer hat und alle, Kinder und Erwachsene, sehr viel für sich selbst sind – jeder ist mit sich selbst und seinen Problemen beschäftigt. Wenn man nicht viel beieinander ist, meint sie, dann hat man auch keine Gaudi und wenn man so nicht aufgewachsen ist, dann lernt man es später schwer.

Vom Geschichtenerzählen

ES WAR EINMAL ...

Man sagt, Geschichtenerzählen ist eine Kunst. Ich meine, es hat darüber hinaus auch sehr viel damit zu tun, ob man zuhören kann. Nur wer gut zuhört und sich das Gehörte auch merkt, kann es später wiedergeben. Ein sehr guter Erzähler, ein heute über 70 Jahre alter Mann, erklärt, wie er es gelernt hat: „Ich habe meiner Tant immer gerne zugehört, wenn sie erzählt hat. Ich habe gut zuhören können und das hat ihr gefallen. Sie hat mir erzählt, wie's früher einmal war, als die Dorfleut noch selber jung gewesen sind. Was der eine angestellt hat und wie der andere war. Da war eine Überschwemmung, der hat dann das Holz gestoh-len, das auf dem Wasser geschwommen ist; weil er es nicht gemeldet hat, hat er Schwierigkeiten bekommen und solche Sachen. Ich habe nicht viel Schulbil-dung gehabt, aber durchs Zuhören habe ich viel gelernt."

Den Kindern wurde viel mehr erzählt als heute, beim Arbeiten auf dem Feld, beim Wandern auf die Alm und am Abend beim Zubettgehen: „Im

Eine Geschichte vorgelesen bekommen und dabei im Arm gehalten werden –
was gibt es Schöneres?

Schlafstüberl wurde an den Winterabenden das kleine Öferl eingeheizt und dann hat der Großvater Geschichten erzählt. Im Zimmer war es ganz finster, man hat nur an den Wänden die Lichtstrahlen gesehen, die aus dem undichten Ofentürl gefallen sind. Man hat die Strahlen gesehen und das Holz hat geknistert, das war sehr schön!" Mehr noch als an die Geschichten selbst erinnern sich viele Menschen an die besondere Stimmung beim Erzählen. Etwas erzählt zu bekommen, vielleicht im Arm gehalten zu werden, ist für ein Kind etwas Unvergessliches.

Besonders interessant war es für die Kinder, wenn die Erwachsenen „miteinand" redeten und die Kleinen zuhören durften. Dies war sehr oft bei den Gemeinschaftsarbeiten der Fall, wie etwa beim Maisschälen: „Zum Woazschälen haben wir uns immer abwechselnd bei einem Nachbarn getroffen. Da hat dann das ganze Dorf über die Leut getratscht: Die ist schwanger, da ist ein Kind auf die Welt gekommen, den hat die Gestapo geholt. Wir Jungen haben da genau gelost, hingehört, was die Älteren zum Reden wissen, weil wir ja neugierig waren!"

Besonders hart war es für die Kinder, wenn sie dann, wenn es für sie am spannendsten war, weggeschickt wurden. „Manchmal hat es geheißen: Die Kinder dürfen das nicht hören. Dann haben sie einfach gesagt: Schindel am Dach! Das war bei uns daheim das Stichwort, dass alle Kinder schlafen gehen müssen. Das hat so viel geheißen wie: Verschwinds!"

Gemeinschaftsarbeiten wie das „Woazschälen", das „Federnschleißen" oder auch das Spinnen an den langen Winterabenden waren ideal, um zu tratschen und zu erzählen. Die Federn lagen auf dem Tisch, jeder nahm sich ein paar, um sie zu entkielen, und nebenbei konnte man gut miteinander reden.

Ein alter Sölktaler, der Rießner Ferdl, erinnert sich auch noch gut an die Spinnabende seiner Jugend: „Vom Advent bis in den März ist bei uns gesponnen worden. Da ist dann auch die Murtaler Verwandtschaft zu uns ins Sölktal gekommen und es wurde gesungen und erzählt. Zunächst haben wir das ganze Murtal überklaubt: Wie ist es dort? Wie ist es da? Dann sind die Wilderergeschichten gekommen."

Die Wilderergeschichten waren mehr oder weniger wahre Abenteuererzählungen. Sie handelten von Wagemut und menschlichen Tragödien, von Mord und Totschlag, von Ehre und Verfolgung. Zu einer Wilderergeschichte gehörte die Nennung der echten Namen und der Orte sowie des möglichst genauen Datums des Vorfalls. Der Rießner Ferdl, 1931 geboren, kann Wilderergeschichten genauestens wiedergeben, die sich noch in den Zwanzigerjahren oder früher ereignet haben, etwa diese von einem besonders schlauen Wilderer: „Ein legendärer Wilderer war 's Funkl Irgei. Du musst dir vorstellen, den haben drei Jäger zu einem Felsen hingetrieben, der heißt heute noch Irgeiwand. Sie haben geglaubt, sie haben ihn, aber er ist abgesprungen, hat den Hut verloren und ist hinausgehinkt. Dann ist er heimgesprungen, hat Korn geholt und ist damit zur Mühle gefahren. Unterwegs hat er mit seinem Wagen einen Kraxenträger mitgenommen. Er hat den gefragt, ob seine Uhr wohl stimmt. Ich nehme an, er hat das nur gefragt, damit der Kraxenträger später angeben kann, um die und die Zeit ist das Irgei zur Mühle gefahren. Er hat halt ein Alibi gebraucht. Sie haben ihn trotzdem verhaftet und haben ihn nach Leoben gebracht. Dort hat ihn der Richter gefragt, wie weit es heraus ist, von den Pflegerwänden. ‚Gengans eini, hupfens oba, laufens aussa, oft wissens genau, wie weit dass es ist!' Das hat 's Irgei gesagt. Tatsache. Den Hut haben sie ihm auch aufgesetzt, den hat er bei der Flucht verloren und die Jäger haben ihn gefunden. Der hat ihm sogar gepasst. Sagt er: ‚Der muss mir passen, wenn ihr mir den so oft aufsetzt!'" Den bauernschlauen Irgei hat man angeblich nie verurteilen können.

Geschichten wie diese wurden nicht nur einmal erzählt, sondern immer wieder. Dass man den Ausgang schon kannte, tat der Spannung keinen Abbruch, im Gegenteil. Genauso wie bei den Geistergeschichten konnte man so immer wieder von Neuem die Aufregung und Anspannung spüren. Man wusste, was man erwarten durfte, und das steigerte nur die Vorfreude.

Gruselgeschichten, aber auch oft schaurige „Wachtlieder" wurden bei der Totenwache vorgetragen. War jemand gestorben, fanden sich die Nachbarn an zwei bis drei Tagen abends zum „Wachten" ein. Die Wachtlieder waren oft sehr lange und herzzerreißende Balladen. Sie rührten nicht nur die Zuhörer zu Tränen, sondern manchmal auch die Sänger. Die Spreitzbäuerin aus Altirdning erinnert sich an eine solche Episode: „Ein alter Bauer hat das Lied vom armen Waisenbuam gesungen, der zum Sterben kemman ist und niemand hat um ihn getrauert. Dem alten Mann sind vor lauter Rührung die Tränen über die Wangen geronnen und wir jungen Dirndln haben zu tun gehabt, dass wir nicht gelacht haben."

Ein Wachtlied erzählt eine traurige und oft gruselige Geschichte in vielen Strophen. Eine solche Geschichte ist „Karl am Grab", überliefert von Gertrude Berger, vulgo Spreitz: Karl weint am Grab seiner liebsten Wilhelmine und wartet, bis es Mitternacht ist, denn „sie schwor, des Nachts mir zu erscheinen, mich auf ewig mit ihr zu vereinen, wenn die düstre Geisterstunde schlägt". Es schlägt zwölf und er steht noch immer einsam vor ihrer Gruft, auf einmal hört er ein Rauschen bei der Kirchhofmauer, „immer näher, immer näher kommt es auf mich her". Er sieht ein Wesen, „schneeweiß in einem Totenkleide", und hofft, dass es Wilhelmine ist. „Ja, ich bin's, sprach sie mit leiser Stimme" und sie klagt: „Grässlich ist's hier, grässlich ist's hier, die Verwesungsgruft." Sie fordert ihren Karl nun auf, in die Gruft hinabzuschauen zu all dem „Wurmgeniester" und bittet ihn: „Flieh von hier, flieh von hier, bis dich der Tod einst ruft!" Er sieht ein, dass er gehen muss und sie nicht einmal mehr berühren kann, „darf ich dich denn gar nicht mehr umfassen". Er verlässt sie mit den Worten: „Steig hinab in deine Totenkammer" und fügt hinzu: „Denn bis morgen, denn bis morgen bin ich schon bei dir!"

Auch Märchen, Sagen und Legenden wurden gerne erzählt. Dabei war der Übergang von der Realität in eine Fantasiewelt fließend, etwa bei den Geschichten vom „Kasermandl", die im Lungau und in der steirischen Ramsau erzählt wurden: „Am Martinstag, dem 11. November, haben wir schon um sechs Uhr in der Früh mit der Stallarbeit fertig sein müssen. Es hat geheißen, an dem Tag kommt das Kasermandl von der Alm heim! Sie haben uns erzählt, dass das Mandl oben auf der Alm alles fertig und sauber macht. Dann, um sechs Uhr, geht es zu den Bauern, nachschauen, ob auch da alles fertig ist. Wenn nicht, dann hat das Kasermandl Unheil gebracht!"

Manche Menschen waren geborene Geschichtenerzähler, wie der Winkler Friedl vom Laufenberg bei Radenthein, von dem mir der Gruberbauer Johann Kohlmayer berichtet hat: „Ich habe einen gekannt, dem hättest können Tag und Nacht zulosen. Der hat einen Schmäh nach dem anderen erzählt." Ohne mit der Wimper zu zucken, erzählte der Friedl seine Münchhausen-Geschichten. Die Erzählungen begannen oft so, als seien sie wahr und selbst erlebt, etwa diese: Eines Tages saß der Winkler Ferdl beim Gasthof Laggerhof mit drei kräftigen Burschen zusammen und ließ sich ein Bier schmecken. Ein Wort gab das andere und plötzlich stänkerten die Burschen den Friedl wegen seiner Pfeife an, die er immer im Mundwinkel hängen hatte. Tatsächlich hatte er am Kiefer eine Verletzung aus dem Ersten Weltkrieg. Da seine Mundwinkel seit damals ein wenig schief hingen, trug er stets seine Pfeife, um dies zu verbergen. Der Friedl ließ sich von den jungen Burschen nicht verspotten. Er sagte: „Wenn's dös glabs, dös könnts auf an alten Mann umarstänkern, dann gehamar außs aufs Greane und i schmeiß enk alle über die Windische Höh!" Gesagt getan, die Burschen und

Der Geschichtenerzähler „Winkler Friedl" (Mitte).

der alte „Dattl" gingen hinaus und suchten einen ebenen Platz. Friedl legte seine Pfeife beiseite und griff einen der Burschen mit einem Ringergriff an. „Fürschlag" nennt man das beim Ringen im Nockgebiet und schon war der Erste in der Luft! Der Friedl erfasste sogleich den Zweiten und dann den Dritten und alsbald waren alle in der Luft verschwunden. „Oh Bua!", sagte da der Friedl, denn das war sein ständiger Spruch, „Oh Bua, dö hat's obigeblattelt zum Millstätter See!" Der Friedl ging in aller Ruhe in den Gastgarten zurück und bestellte sich noch ein Bier und trank dann noch ein zweites, ja sogar noch ein drittes. Dann erst hörte der Friedl, wie die drei Burschen in den Millstätter See „geplatscht" sind.

Die Leute konnten von diesen Lügengeschichten gar nicht genug bekommen. Jeder war neugierig, was denn der Friedl wieder Neues zu erzählen wusste. Mit todernster Miene trug er seine Geschichten vor, die von den unglaublichsten Dingen handelten. In allen Abenteuern war stets er selbst, der Friedl, der Hauptdarsteller und Held. Ob er nun mithilfe seines Bergsteckens über eine Lawine gesprungen ist oder ob er, von einem Adler beim „Krawattl" gepackt, gerade noch entkommt. Diese sehr originelle Geschichte endet übrigens so: „Der Friedl nimmt sei Büxn und schiaßt aufn Odler aufe. Was glabt's, wos der Odler für a Loch ghabt hat von dem Schuss! Die Sunn hat durchgschunan, so groß ist des Loch gwesn. Grod unterm Zeanitznzaun hot ihn der Odler ausglossn und der Friedl war vom Odler darlöaßt. Weidmannsheil!"

Am Aufbau seiner überlieferten Geschichten erkennt man den Meister seines Fachs. Alle seine Erzählungen sind voll Spannung, voll Überraschungen und voll Witz.

Geschichtenerzähler brauchen ihr Publikum, Leute, die zuhören können und wollen. In aller Ruhe darf dann die Handlung ausgeschmückt und jedes Erlebnis detailgetreu geschildert werden. Niemand wird ungeduldig, wenn jemand länger als drei Minuten, heute die durchschnittliche Aufmerksamkeitsdauer, spricht.

Die Geschichten selbst brauchen Gelegenheit, Ort und Zeit, um erzählt werden zu können. Früher waren das die Abende, vor allem die Winterabende, vielleicht zur Zeit des Spinnens, die zum Erzählen geradezu einluden.

Beim Erzählen und Zuhören geht es nicht nur um die „großen" Geschichten, sondern auch um die kleinen Ereignisse, um die Erlebnisse des Tages und um die Neuigkeiten vom Nachbarn. Es kommt darauf an, in Ruhe und mit ungeteilter Aufmerksamkeit zuzuhören. Und – das Allerwichtigste – darauf, dies alles schon mit seinen Kindern zu üben.

Ohne Strom, ohne Fernseher und ohne Telefon

BEVOR DAS „ELEKTRISCHE" KAM …

Für eines meiner Bücher besuchte ich vor ein paar Jahren eine über 90 Jahre alte Frau auf ihrem kleinen Anwesen in der Obersteiermark. Es war dämmrig, fast schon finster, und sie saß ohne Licht in ihrer Stube. Gewohnt, sofort das Licht anzuschalten, konnte ich mich im Halbdunkel schwer zurechtfinden. Sie hingegen blieb ungerührt und bemerkte meine Verunsicherung gar nicht. Sie tat es nicht nur, weil sie Strom sparen wollte. Sie verhielt sich so, weil sie es von klein auf so gewöhnt war. Wenn es dämmrig wurde, dann war da eben kein Licht, basta!

In der Dämmerung nicht sofort das Licht anzuschalten, war allgemein üblich. Der langjährige Hüttenwirt auf der Sonnschienalm am Hochschwab, Franz Ilja, pflegte jeden Abend von sechs bis sieben Uhr in der halbdunklen Hütte zu sitzen. Damit stieß er oft bei den Gästen auf Unverständnis. Wollten diese das Licht aufdrehen, wies er sie sofort zurecht: „Vor sieben Uhr wird kein Licht eingeschaltet. Da kommen wir zur Ruhe und warten auf die Dunkelheit." Nach dem Trubel des Tages nahm sich der Wirt die Freiheit, jetzt eine stillere Zeit zu genießen, und dies erwartete er auch von seinen Gästen.

Gearbeitet wurde von der „Tagliachtn", dem Morgengrauen, bis zur „Finstern", danach ging man zu Bett oder saß noch ein wenig bei Kerzenschein, beim Spanlicht oder im Schein der Petroleumlampe beisammen. Die ersten beiden genannten Lichtquellen gaben gerade so viel Licht, dass es möglich war, Karten zu spielen. Aber im Schein der Petroleumlampe konnte man sogar stricken und nähen. Nur im Stall bewährte sich Petroleum nicht, denn im Stalldunst wurde die Flamme wegen des Sauerstoffmangels immer niedriger.

Eine andere Gesprächspartnerin erinnert sich in ihrer Wohnküche an die Zeit vor 1958, an die Zeit ohne elektrischen Strom: „Dort drüben war ein großer gemauerter Herd, da haben wir jeden Tag in der Früh Feuer gemacht. Und da hinten war der Brotofen, da sind 13 Laibe Brot hineingegangen, den haben wir einmal im Monat angeheizt. Drüben in der Nische war die Waschschüssel. Neben dem Ofen hat sich das Wasser gut warm gehalten. Dort hat man sich in der Früh schnell gewaschen. Und am Herd ist das Wasser gewärmt worden. Eigentlich ist damals, bevor wir den Strom gehabt haben, alles am Herd passiert. Alles hat eigentlich sehr gut funktioniert, auch ohne Strom."

Ohne Waschmaschine war Wäschewaschen harte Arbeit. Hier wird die bereits gekochte Wäsche im Bach gespült.

Auch das Leben ohne elektrische Beleuchtung ist ihr noch in Erinnerung: „Wir waren am Abend gewöhnt, auch gemeinsam im Finstern dazusitzen. Ohne Licht, das hat uns wirklich nicht gestört! Und wenn man in die Kammer hinaufwollte oder in den Stall, dann hat man sich einfach eine Petroleumlampe mitgenommen, die hat uns den Weg geleuchtet. Damals sind im Haus überall die Lampen herumgestanden, auch im Keller."

Eine Frau, 1941 geboren, erlebte als Kind noch das Petroleumlicht: „In der Lampe waren Petroleum und ein Docht, den man angezündet hat. Danach hat man einen Zylinder draufgegeben. Das Licht war gut genug, dass man lesen und handarbeiten konnte. Vorher haben wir Karbidlicht gehabt, das war das Pulver, das man heute noch gegen Wühlmäuse verwendet. Aber in der Kammer, wenn man am Abend noch lesen wollte, dann hat man die Kerze nehmen müssen. Damit hat man natürlich nicht sehr gut gesehen."

Die härteste Arbeit in einem Haushalt ohne Strom und ohne fließendes Wasser war das Wäschewaschen. Besonders anstrengend waren das Arbeiten auf der Waschrumpel und das Schwemmen der Wäschestücke im Bach. Die Wäsche wurde über Nacht eingeweicht, dann jedes Stück einzeln auf dem Waschbrett „gerumpelt" und danach mit Holzasche ausgekocht. Wer einen Bach in der Nähe hatte, trug die Wäsche dorthin, um sie zu schwemmen und auszuwringen. Sonst musste das Wasser mühevoll vom Brunnen geholt, in Bottiche geschüttet und die Wäsche hier geschwemmt werden.

Wenn der Hof Elektrizität bekam, veränderte sich einiges: „Wir haben das Elektrische Anfang der Fünfzigerjahre gekriegt. Es ist dann schon alles leichter geworden, aber vorher war es romantischer, z. B. wenn die Kinder schlafen gegangen sind. Für mich war es immer das Schönste, wenn mein Großvater mich im Halbdunkel zu Bett gebracht und mir Geschichten erzählt hat. So hat man Geborgenheit gehabt, bis man eingeschlafen ist."

Der Segen einer Wasserleitung im Haus ersparte das sehr mühsame Wassertragen. Der Strom sorgte zunächst für Licht in allen Räumen; elektrische Küchengeräte und strombetriebene landwirtschaftliche Maschinen wurden erst nach und nach angeschafft. Auch die ersten Fernsehapparate hielten nun Einzug in die Bauernstuben. Ein alter Kärntner Bauer erinnert sich an den Moment, als er zum ersten Mal in seinem Leben von der Existenz eines TV-Gerätes hörte: „In den Vierzigerjahren habe ich das erste Mal in meinem Leben vom Fernsehen gehört. Einer aus unserer Gegend ist nach Amerika ausgewandert, aber er hat es dort nicht ausgehalten und ist wieder zurück. Jetzt hat er uns Buam erzählt, wie es in Amerika war: ‚Dort gibt es Radios, da sieht man die Leut drin!' ‚Wie soll man die sehen?' ‚Naja, die Leut gehen drin. Net, dass du nur ein Bildl siehst, die bewegen sich da drin wirklich!' Wir haben das zu der Zeit nicht verkraften können. Das war für uns unvorstellbar!"

Damals hatten in diesem Kärntner Bergdorf und auch in anderen Gegenden gerade die ersten reicheren Bauern einen Volksempfänger, ein Radio, gekauft. Schon das war Attraktion genug! Das Radio wurde gelegentlich am Abend und vielleicht auch noch am Sonntagnachmittag eingeschaltet. Dann saßen alle gespannt in der Stube und hörten zu. Ein ehemaliger Störschneider erinnert sich: „Manchmal hat ein Bauer schon einen Radio gehabt. Das war herrlich. Ich hab alle Sendungen gefressen, ob Wunschkonzert oder Berichte aus der weiten Welt. Das war hart, wenn dann die Bäuerin gesagt hat: ‚Drah ma o!' Als Lehrling hast ja nichts dagegen sagen können."

Dann, in den Sechzigerjahren, kamen die Fernsehapparate: „Meine Eltern haben als eine der Ersten im Ort einen Fernseher gehabt. Meistens hat die Oma den Fernseher eingeschaltet und wir anderen haben schauen müssen, was sie geschaut hat. Deshalb haben wir heute drei Fernseher, für jede Generation einen."

Das Fernsehgerät veränderte nach und nach radikal die Abendgestaltung der Menschen. Bevor der Fernseher kam, war der Kontakt mit den Nachbarn sehr eng. Vor allem in den Sommermonaten sah man sich praktisch täglich nach der Arbeit und ließ den Tag noch einmal gemeinsam Revue passieren. „Bald sind wir bei uns gesessen, bald beim Nachbarn. Und dann ist wieder geredet worden von der Arbeit und was wir morgen tun werden, wie das Wetter wird und was sich so abspielt im Dorf. Ein jeder hat was gewusst." Diese Kultur des Miteinanders verschwand allmählich, als die ersten Fernsehgeräte am Land Einzug gehalten hatten.

Die ersten Telefonanschlüsse ließen länger auf sich warten. Sie wurden auch nicht so heiß ersehnt und so dringend gebraucht wie Fließwasser und Strom. Die Nachrichtenübermittlung und die Kommunikation untereinander funktionierten auch ohne Telefon sehr gut. Wollte man dem Nachbarn etwas mitteilen, schickte man, wenn es dringend war, einen Boten. Mussten Hebamme oder Arzt gerufen werden, wurde ebenfalls jemand geschickt. Meist wurde ein Knecht mit diesen Botendiensten beauftragt. In Kärnten wurde der jüngste männliche Dienstbote „Schickbua" und die jüngste Magd „Schickdirn" genannt. Wenn etwas auszurichten war, wenn eine Nachricht weitergegeben

Die Wäsche wird durch Mangeln geglättet. Die Wäschestücke werden mit Wasser besprengt und dann um eine Holzrolle gewickelt, Das Mangelholz wird so lange unter stetigem Druck darauf hin und her bewegt, bis die Wäsche knitterfrei ist.

werden sollte, dann wurde der „Schickbua" beauftragt. „Ich war Bua und hab müssen rennen! Zum Kaufhaus! Zur Kirchn auffi! Zum Telefon!"

Brauchte man Hilfe, schickte man schnell jemanden zum Nachbarn. Man konnte sicher sein, dass in jedem Haus immer eine oder mehrere Personen zu Hause waren.

Wenn die Distanz nicht allzu groß war, konnte man sich auch gut durch Rufe verständigen. Einer der wichtigsten Rufe war der Essensruf zu Mittag. Eine Bäuerin erklärte mir, dass ein solcher Ruf oft weit zu hören sein musste, etwa wenn „Holz gearbeitet" wurde, was in diesem Fall praktisch am anderen Ende des Dorfes stattfand. „Wenn ich in den Wald gerufen habe, dann bin ich zu einer bestimmten Holzhütte hinaufgegangen. Dort, von der Höhe aus, war auch die Luftlinie höher und da haben sie mich schnell gehört. Mein Ruf war ‚Huhu, essen gehen!' oder ‚Juchu, essen gehen!'." Je nachdem, wo gerade gearbeitet wurde, hatte man immer bestimmte Stellen, von denen aus man rief oder schrie. Ein solches System konnte nur so lange funktionieren, solange es keine anderen Lärmquellen gab. Traktorgeräusche, Motorsägen und Arbeitsmaschinen würden es heute unmöglich machen, auf Zuruf von weither zu reagieren.

Heute völlig vergessen ist das „Ausrufen" von Neuigkeiten. In Radenthein war es bis ins 20. Jahrhundert der Brauch, dass der Gemeindesekretär jeden Sonntag nach dem Kirchgang wie ein Herold die Neuigkeiten verkündete. Der Bergbauer Johann Kohlmayer erinnert sich: „Gleich dort am Kirchplatz war das Gemeindehaus und da ist er gestanden und hat verkündet, was es Neues gibt und was zu tun ist. Jeder hat schon darauf gewartet und alle sind hin zu ihm, um zu hören, was er ruft. Es ist ja von jedem Haus immer einer in die Kirche gegangen und so hat der ganze Ort erfahren, welche Mitteilungen die Gemeinde für uns hat."

Eine andere Form der Kommunikation war es, auf ausgemachte Zeichen zu reagieren. Manche Berufsgruppen, wie etwa die Hebammen, mussten rechtzeitig benachrichtigt werden können. Entweder wurden sie vom werdenden Vater mit der Pferdekutsche oder dem Motorrad geholt oder sie warteten auf ein vereinbartes Zeichen. In St. Kathrein am Offenegg in der Oststeiermark war dies ein Leintuch. Die Hebamme wohnte etwas erhöht auf der Brandluckn und konnte so gut unter sich St. Kathrein und gegenüber das Dorf Heilbrunn beobachten. Immer wenn eine Geburt anstand, hängte man ein weißes Leintuch aus dem Fenster, um auf diese Art die Hebamme zu rufen.

Zwischen zwei Verliebten gab es ganz besondere Formen der Kommunikation: „Da war einer bei uns, der hat Flügelhorn gespielt, und auf der gegenüberliegenden Seite des Tales, da hat eine Dienstdirn gewohnt, in die er verliebt war. Wenn er gespielt hat, dann hat sie schon gewusst, wer das ist! Die haben sich vielleicht ausgemacht: Bei dieser Melodie oder bei diesem Lied treffen wir uns um die und die Zeit an einem gewissen Platz. Und sie hat mit einem Jodler geantwortet. Vielleicht haben sie dann einen Waldspaziergang gemacht."

Eine besondere Form der Nachrichtenübermittlung war der „Bschoadtoan", der „Bescheidtun". Dabei handelte es sich um einen kurzen Ruf mit einem Jodler, der dazu diente, Nachrichten weiterzugeben, z. B. von einer Hütte zur anderen. Würde ein junges Mädchen heute vielleicht ihre Freundin anrufen, um ihr mitzuteilen, dass ein ganz bestimmter fescher Bursche gerade im Lokal ist, so rief man sich Derartiges früher einfach laut zu. Aus dem Salzkammergut ist uns ein „Bschoadtoan" mit folgendem Wortlaut überliefert: „Liserl, kimm uma auf'd Nacht, i han an schen Almbuam!"

Auch ohne Handy verbreitete sich jede Nachricht, auch jede Heimlichkeit, in Windeseile: „Als junger Bua bin ich in der Nacht gerne heimlich fort. Ich bin normal schlafen gegangen und hab dann gewartet, bis es im Haus ruhig war. Dann war ich für ein paar Stunden weg. Aber es hat keine zwei, drei Tage gedauert, bis die Mutter gewusst hat, dass ich dort und dort gewesen bin. Irgendwer hat es ihr halt gesagt und dann hat es sich herumgesprochen." Man sieht, Kommunikation ist keine Frage der Technik, sondern war schon immer eine der Verständigung untereinander.

Die Außenseiter

BETTLER, VAGABUNDEN UND HAUSIERER

Sie gingen von Haus zu Haus und baten um ein Nachtquartier, um eine warme Mahlzeit oder um ein Almosen. Viele boten auch ihre Dienste als Messerschleifer, Schirmmacher oder Kesselflicker an oder versuchten, als Hausierer ein paar Knöpfe, Bänder oder andere Kleinigkeiten zu verkaufen. Sie waren arm, ohne feste Unterkunft, oft Roma, jedenfalls Außenseiter und nicht Teil der Dorfgemeinschaft.

Und doch wurde kaum je ein fahrender Handwerker oder ein Bettler an einem Bauernhaus abgewiesen. Fast immer konnte er mit einer gewissen Freigebigkeit der Bäuerin rechnen und auch mit dem Erbarmen des Bauern, wenn es um ein Nachtlager im Heu ging. Bei einem Haus war es besser, beim anderen schlechter, aber abgewiesen wurde niemand. Dies hing mit der traditionellen Haltung gegenüber den Armen des Dorfes, den alten Einlegern und den umherziehenden Händlern zusammen. Eine warme Suppe, ein Häferl Milch, ein Stück Brot und eine Übernachtungsmöglichkeit wurden fast niemandem verwehrt.

Ein alte Bäuerin aus der südlichsten Steiermark, Maria Pastolnik, erinnert sich: „Früher sind viele Landstreicher herumgegangen. Die haben auch einen Hunger gehabt und haben sich dann halt auch bei uns hingesetzt. Zu Mittag hat es im Sommer oft Salat mit Schmalz und weich gekochten Eiern gegeben. Das Grammelschmalz hat man erwärmt und über den Salat gegossen und die weichen Eier extra in einem Schüsserl dazugestellt. Kommt ein Landstreicher herein. Ob er auch etwas essen mag, hat ihn die Mutter gefragt. Ja, hat er gesagt. Wie viel Eier er denn mag? Ja, fünf Eier bitte! Und die hat er auch gekriegt und weggegessen. Tausend Mal vergelts Gott, hat er gesagt, jetzt geht's wieder ein Weil!"

Diese Frau erinnert sich auch noch an die innere Haltung, die man in ihrem Haus gegenüber diesen Leuten hatte: „Wir haben die Landstreicher, die Schirmmacher und die Messerschleifer und die Reitermacher immer voll als Mensch angenommen. Und der andere spürt das auch. Für uns war das so, wenn die glücklich fort sind, freut einen das auch selber! Die haben dann natürlich auch gewusst, zu uns kann man immer kommen. Die sind dann schon von selber in die Tenn gegangen zum Schlafen."

Das „Bettelfenster" an den oberösterreichischen Bauernhöfen erinnert daran, dass die „Fechter" und Bettler so sehr zum Leben dazugehörten, dass man für sie sogar ein eigenes kleines Fensterchen in der Küche gebaut hatte. „Das Bettelfenster war nur ein Guckerl. Es war grad so groß, dass man ein Glasl Most oder einen Teller Suppe hinausreichen konnte."

In der Kriegs- und Nachkriegszeit waren es manchmal Flüchtlinge, die Unterschlupf fanden. Eine Innviertler Bäuerin erzählt, dass in ihrem Elternhaus einer Flüchtlingsfamilie aus dem Banat ein Zimmer überlassen wurde. Diese Leute sind ihr in Erinnerung geblieben, da sie ihr die erste Tomate ihres Lebens zu essen gaben: „Die haben mir eine Paradeis gegeben. Da hab ich abgebissen, puh, war das grauslich! So was hab ich nicht gekannt, das haben wir nie gehabt."

Die Menschen waren damals nicht besonders wohltätig, aber sie lebten in einer Tradition, die es nicht leicht erlaubte, Hungrige oder Herbergsuchende

Zwei Umherziehende arme Teufel.

abzuweisen. Einen Teller Suppe oder einen Platz im Heu gab es fast immer. Auch die Banater Flüchtlinge wurden aufgenommen, da ihre Not offensichtlich war: „Damals sind alle paar Tage Banater mit Ross und Wagen bei uns vorbeigekommen. Diese Familie ist da hinten auf der Straße gestanden und hat nicht gewusst, wohin. Da ist der Vater zu ihnen gegangen. Sie haben gesagt, sie möchten da bleiben, da hat der Vater sie aufgenommen und ihnen zwei Zimmer im Stall gegeben. Man hat niemanden weggeschickt. Die haben ja auch schlafen müssen."

Gewiss nicht so wohlwollend war die Haltung gegenüber den Roma. Obwohl es Vorbehalte gegen „Zigeuner" gegeben hatte, wurden die Fahrenden doch meist auch aufgenommen. „Manchmal sind auf'd Nacht Zigeunerfrauen gekommen mit kleinen Babys am Arm. Ein gutes Mundwerk haben sie gehabt und recht gejammert. Ja, sie möchten übernachten! Und welche christliche Mutter sagt da nein! Und wenn es dunkel geworden ist, sind dann die Großfamilien nachgekommen. Dann war das Wirtschaftsgebäude voll und zwanzig Leute waren drinnen. Da hat man natürlich Angst gehabt, dass der Stadel abbrennt. Entweder der Bauer selbst oder ein Knecht ist dann gegangen und hat ihnen die Feuerzeuge abgenommen, damit ja kein Feuer entstehen kann."

Das Verhältnis zu den Roma war ambivalent. Man verwehrte ihnen keinen Schlafplatz, dennoch begegnete man ihnen mit Vorsicht, mit Vorbehalten und mit Vorurteilen. Bis 1938 konnten sich Roma frei im Land bewegen. Nach der Machtergreifung Hitlers wurden viele Roma und Sinti in den Vernichtungslagern ermordet. Ein Kärntner erinnert sich an die Zeit vor 1938. Er nennt die Roma „Zigeuner", so wie es damals allgemein üblich war: „Einmal kam ein ganzer Zug mit 30 Personen, mit Kind und Kegel. Die Stiefmutter war vorher gewarnt worden und sie hat alles Geschirr aus der Küche in einen anderen Raum geräumt und dort eingesperrt. Da es schon gegen Abend war, zogen sie nicht mehr weiter, sondern suchten hier ein Nachtlager. Mein Vater ließ sie im Stadl auf dem Stroh schlafen. Vorher aber kontrollierte er jeden Einzelnen und nahm ihnen Messer, Feuerzeuge und Zündhölzer ab. Am Morgen, bevor sie weitergezogen sind, bekamen sie alles zurück. Die Zigeuner bezogen im Stadl ihr Quartier und in dieser Nacht kam im Stroh ein Kind zur Welt. Trotzdem ist die Mutter mit dem Neugeborenen am nächsten Tag mit der Zigeunerfamilie weitergezogen."

Dass den Roma Feuerzeuge abgenommen wurden, war nicht diskriminierend, denn so verfuhren die Bauern auch mit jedem anderen Fremden, der im Heu übernachten durfte. Wenn „Zigeuner" kamen, dann rechneten die Bauern

Der Mann vorne rechts war ein gehbehinderter und leicht geistig behinderter Korbmacher. Die Frau neben ihm eine ältere Dienstmagd. Für`s Foto hat man die beiden aus Jux „verheiratet“. Dahinter die „Beistände“, die wohl alles eingefädelt haben.

mit Diebstahl, jedoch nicht mit Raub oder Gewalt: „Nirgends war etwas sicher vor ihnen, alles, was nicht niet- und nagelfest war, wurde gestohlen, aber sie haben nie etwas geraubt, nie jemanden überfallen und niemals eingebrochen.“

Trotz vieler Vorurteile wurden die Roma zum Teil differenziert gesehen: „Es waren wirklich gute Musiker dabei, das haben sie gut können.“ Die Roma waren nicht Teil der Gesellschaft, man wusste wenig von ihnen und konnte ihr Leben nicht nachvollziehen. Aber man wusste, dass diese Menschen durchs Land zogen und ab und zu beim eigenen Bauernhof anklopften und um ein Nachtlager baten. Es war Brauch und Sitte, so jemanden nicht wegzuschicken, unabhängig davon, ob er einem sympathisch war oder nicht.

Es klopften nicht nur Fremde an die Türen. Auch die dorfbekannten Armen und sozial Schwachen baten um Quartier. Solche oft leicht geistig behinderten Menschen, die den Bauern bekannt waren, durften einige Zeit, ein paar Tage oder Wochen, bleiben, bevor sie zum Nächsten weiterzogen.

Einer von ihnen war ein geistig verwirrter ehemaliger Tischlermeister, der in der Gegend um Radenthein zu Hause war. „Die Leute haben ihm alles auf sein Jankerl aufgehängt: Elektrische Birnen, Abzeichen, ich weiß nicht, was da alles drauf war. Auf die Finger haben sie ihm so viele Ringe gesteckt, dass er sie nicht mehr abbiegen konnte. Aber das war seine Freude. Wenn er gegangen ist, hat es geschinnert und gekleppert. Der Vater wollte ihn von den Sachen entledigen, damit er sich wieder leichter tut, aber das hat er nicht zugelassen, da war er völlig beleidigt."

Ein anderer dieser Umherziehenden war ein handwerklich begabter Mensch, der, wenn er an einem Ort Unterkunft fand, Brennholz hackte und das Werkzeug reparierte. Aber von einem Tag auf den anderen hielt er es plötzlich nicht mehr aus und ging, ohne ein Wort zu sagen, meistens in der Nacht weg.

Manche dieser Menschen waren verwahrlost und von Flöhen geplagt. Nicht selten kam auch noch ein Alkoholproblem dazu. Aber jeder ohne Ausnahme durfte im Stroh schlafen und wurde verköstigt: „Da waren zwei alte Leute, ein Mann und eine Frau, die sind von Haus zu Haus gezogen. Sie waren völlig verlumpt und haben auch gerne Schnaps getrunken. Die haben im Stall schlafen dürfen und separat zum essen gekriegt. Weil man weiß ja nicht, was die alles an Ungeziefer mitbringen." Diese beiden haben eine besondere Art gefunden, sich nützlich zu machen. Sie trugen ständig einen Sack bei sich, in den sie die „Rossknollen" hineingetan haben, um sie dann als Dünger auf den Feldern zu verteilen.

Es gab noch eine Gruppe von Menschen, die umherzogen, nicht auf der Suche nach einem Nachtlager, aber um ihre handwerklichen Dienste anzubieten. Rastelbinder, Besenbinder, Reitermacher, Messerschleifer, Korbmacher: Die meisten fahrenden Handwerker kamen aus dem umliegenden Ausland, aus der Slowakei, aus Norditalien, aus Bosnien und Serbien, aus der Krainer Gegend. Sie waren gewiss keine Bettler, sondern im Grunde gern gesehene Gewerbetreibende.

Die Messerschleifer zogen mit Schleifbock und Schleifsteinen durch die Gegend. Sie kamen etwa zweimal im Jahr und waren sehr willkommen. Man hatte schon einige Messer und Scheren bereitgelegt, die zu schärfen waren. Sie waren zugleich auch Glaser, schnitten neues Fensterglas und reparierten, was im Lauf des Jahres kaputtgegangen war.

Die Reitermacher beherrschten das Handwerk, Reitern und Siebe herzustellen. Die großen Holzsiebe brauchte man, um nach dem Dreschen durch geschicktes Hochwerfen die Körner von den Spelzen zu trennen. Rastelbinder oder Pfannenflicker reparierten schadhafte Pfannen und Töpfe, aber auch gesprungenes Tongeschirr, das sie mit Drahtgeflechten verstärkten. Die fahrenden Handwerker kündigten ihr Kommen durch laute Rufe an: „Der Messerschleifer ist da!", „Rastlbinder hooo!", ebenso wie die Hausierer: „Der billige Jakob ist da!".

Wenn hausierende Händler gekommen waren, dann war das meist ein Grund zur Freude. Abwechslung im immer gleichen Alltag war angesagt! Die Hausierer breiteten ihre Waren am Esstisch aus. „Der hat alles aus seinem Buckelkorb ausgepackt, so lange, bis der Tisch voll war. Wir Kinder haben manchmal von ihm einen kleinen Spiegel geschenkt bekommen. Die Mutter hat dann ein Paar Schuhbänder gekauft, oft auch Knöpfe oder ein Gummiband für die Hosen. Das Lustigste war aber, dass die Hausierer meistens viel erzählt haben. Und gelogen haben sie dabei auch ein bissl. Das war halt eine Gaudi!"

Den Händlern begegnete man mit Interesse, denn der Hausierer brachte die besonderen Knöpfe, die der Kaufmann nicht führte, und die Rasierklingen, für die man sonst extra ins Dorf hätte gehen müssen.

Wer heute meint, die alte Zeit sei besonders engstirnig gewesen, der sollte beachten, dass Fremde, Ausländer und Bedürftige ohne Weiteres Zutritt zum Hofbereich hatten, dass man ihnen einen Platz zum Übernachten und ein wenig Essen nie verwehrte und dass sie in den meisten Fällen damit rechnen konnten, mit dem landläufigen Respekt behandelt zu werden.

Sterben gehört zum Leben dazu

DAHEIM ABSCHIED NEHMEN DÜRFEN

„Die Mutter hat gewusst, dass sie bald sterben muss. Sie hat noch alles, was sie besessen hat, an die Familie aufgeteilt. Dann hat sie sich ausgesucht, was man ihr am Totenbett anziehen soll: ‚Legts mir ein Gwand an, das oben beim Hals zu ist, dass ich net so nackat bin!' Und dann hat sie noch festgelegt, wo wir sie aufbahren sollen." Diese Frau hat angesichts des nahen Todes noch letzte Vorbereitungen getroffen. Sie hatte die Gewissheit, dass sie zu Hause sterben konnte und dass sie auch zu Hause aufgebahrt werden würde.

Bis weit in die Sechzigerjahre des vorigen Jahrhunderts war es der Normalfall, im eigenen Bett, umgeben von der Familie, zu sterben. Bis etwa zu diesem Zeit-

Zu Hause alt werden und daheim sterben, damit konnte früher beinah jeder Mensch rechnen.

raum waren übrigens auch noch Hausgeburten am Land keine Seltenheit: Die letzten Dorfhebammen verrichteten noch in den Sechzigerjahren ihren Dienst. Dies veränderte sich rasant in den darauffolgenden Jahren. Die Geburt und auch der Tod wurden nun ins Spital verlagert. Nach und nach wurden Sterben und Tod zum Tabu. Man wusste nun sehr bald nicht mehr, wie man mit dem Sterbenden umgehen sollte. Die Familie suchte nicht mehr seine Nähe und die Kultur des Abschiednehmens geriet mehr und mehr in Vergessenheit. Alte Sitten und Rituale, Gewohnheiten und Brauchtum, alles, was einst sowohl dem Sterbenden als auch den Trauernden geholfen hatte, mit der Situation angemessen umzugehen, war fast schlagartig verschwunden.

Die Erinnerung an den althergebrachten Umgang mit den Sterbenden, an das Ritual des Aufbahrens und die Sitte der Totenwache kann auch für uns heute ein großer Gewinn sein.

Kennzeichnend war, dass es keine Scheu vor dem Sterbenden gab. Man wich ihm nicht aus, machte ihm aber auch nichts vor. Der Gedanke, vorzutäuschen, dass der Sterbende nicht todkrank sei, nur um ihn zu schonen, war den Menschen fremd. Wie das Beispiel oben zeigt, hatten die Sterbenden, sofern sie bei Bewusstsein waren, oft Gewissheit, dass es zu Ende geht.

Das Gebet um eine gute Sterbestunde wurde von vielen Menschen jahrelang praktiziert. Es war eine gute Vorbereitung darauf, seine eigene Endlichkeit anzunehmen. Ohnedies war jeder von Kindesbeinen an immer dann mit dem Tod konfrontiert, wenn im Haus oder in der Nachbarschaft ein Todesfall zu beklagen war. Während der Zeit der Aufbahrung war es üblich, sich an der Bahre zu verabschieden und zu beten. Auch Kinder wurden nicht ferngehalten: „Als ich ein Schulkind war, sind wir nie an einem Haus vorbeigegangen, wenn dort wer auf der Bahr gelegen ist. Wir sind immer die Bahr besuchen gegangen, haben Weihbrunn gegeben und ein Vaterunser gebetet."

Man sagte: „A junger Leut kann sterben, a alter Leut muss sterben!" Die Menschen durften daheim alt werden und sie starben auch in ihrem eigenen Haus. War vorherzusehen, dass es zu Ende ging, bemühte man sich, alle nahen Familienangehörigen an das Sterbebett zu holen, damit sie sich verabschieden konnten. Auch den Sterbenden selbst war es wichtig, sich zu verabschieden. Ein Vater „wartete" mit dem Sterben solange, bis sein jüngster Sohn von der Schule heimgekehrt war: „Ich war 13 Jahre alt. Der Vater hat nur gewartet, bis ich von der Schule heimgekommen bin. Alle Geschwister waren schon da, nur ich habe gefehlt. Um vier Uhr am Nachmittag bin ich in die Stube gegangen und dann ist er gestorben."

Vielfach hatte der Sterbende noch das Bedürfnis, etwas zu sagen. „Wenige Stunden bevor der Vater gestorben ist, ich hab ihn gerade für die Nacht hergerichtet, da nimmt er mein Gesicht in seine Hände und sagt: ‚Und jetzt bedanke ich mich für alles, was du mir getan hast.‘“ Derselbe Mann erlebte seinen nahen Tod bewusst und ohne Furcht: „Seine Frau ist beim Bett auf der einen Seite gestanden, sein Sohn auf der anderen. Der Vater hat noch gesagt: ‚Und jetzt roas i!‘, hat ein Lächeln aufgesetzt und ist bald danach gestorben.“

Nicht jeder konnte leicht „gehen“. Eine erfahrene Frau, die mehrere Sterbende begleitet hat: „Wer zu Lebzeiten klare Verhältnisse schafft und alles ausgeredet hat, das hab ich gemerkt, der geht leichter. Du musst Frieden schließen. Ich hab vier Menschen beim Sterben begleitet und ich habe den Unterschied gesehen. Du musst das Irdische loslassen können, das, was du geschaffen hast. Wenn dir das keine Bedeutung mehr gibt, dann geht es leichter.“

Das Totenbett wurde als letzte Gelegenheit gesehen, sich zu versöhnen. Die Mutter einer Gesprächspartnerin verlangte am Tag vor ihrem Tod noch nach einem gewissen Alois. Zuerst wussten ihre Kinder nicht, wen sie meinte. Die Frau konnte kaum noch reden, deshalb dauerte es einige Zeit, bis die betreffende Person identifiziert war. Es war jemand aus einer Familie, mit der schon seit drei Generationen eine Feindschaft bestand. Man holte ihn und die Mutter sagte zu ihm: „Stoa drauf, Stoa drauf!“ Es war eine Bitte um Versöhnung. Der Betreffende sagte nur ein Wort: „Ja!“ Damit war die Versöhnung ausgesprochen. Bald darauf ist die Frau eingeschlafen und gestorben. Versprechen am Totenbett haben viel gewogen. Auch die Bitte des Sterbenden um Versöhnung war schwer auszuschlagen. So ist dann oft der Lebende über seinen eigenen Schatten gesprungen und war angesichts des Todes bereit zur Aussöhnung. War Versöhnung nicht möglich oder nicht gewollt, dann konnte das den Sterbenden sehr belasten: „Man hat oft gehört, dass manche hart gestorben sind, weil sie nicht verzeihen haben können oder weil irgendwas nicht in Ordnung war.“

Großen Wert legte man auf das „Versehen“. Damit ist das Versehen des Sterbenden mit den Sterbesakramenten gemeint. In so einem Fall ging der Pfarrer mit dem Allerheiligsten zu Fuß zum Sterbehaus, ihm voran ein Messdiener mit einer Glocke. Er läutete vor jedem Entgegenkommenden und vor jedem Haus. Alle, die sich im Haus aufhielten, mussten heraustreten, sich hinknien und beten. Auf diese Art blieb niemandem in der Nachbarschaft verborgen, dass jemand im Sterben lag. Es war in gewisser Weise auch ein Öffentlichmachen des Vorgangs. Alle wussten nun Bescheid.

Die Verstorbenen wurden drei Tage zu Hause aufgebahrt.

Wenn eine Lichtmesskerze im Haus war, wurde diese angezündet und dem Sterbenden oder einem nahen Angehörigen in die Hand gedrückt. Im steirischen Bezirk Voitsberg sagte man dazu die folgenden Worte: „I gib dir das Licht in die rechte Hand und schick dich ins himmlische Vaterland." Klar und direkt sprach man hier aus, wohin die Reise gehen wird. Es wurde nichts verschwiegen oder beschönigt, um den Sterbenden vor der Wahrheit zu verschonen, die er doch im tiefsten Inneren schon fühlte. Das Abschiednehmen fiel so allen leichter, den Angehörigen und dem Sterbenden.

Eine Ennstaler Bäuerin schildert den Tod ihres Vaters, der 1889 geboren wurde und 1967 starb: „Er war bis zuletzt bei Sinnen. Er hat gewusst, dass er stirbt. Wir haben noch den Arzt dagehabt und den Pfarrer und langsam ist er immer ruhiger geworden. Reden hat er nicht mehr können, nur die Hand hat er ein wenig aufgehoben. Ich bin die ganze Zeit neben ihm gesessen. Er war ruhig, so ohne Furcht. Der Moment, als er gestorben ist, war ganz leise und auf einmal hat es aufgehört. Ich war so ergriffen von dem Erlebnis, dass ich danach fünf Nächte nicht schlafen hab können."

Von einem Bauernhof im Stanzertal wurde mir überliefert, dass die Todesnachricht mit den Worten überbracht wurde „Die Mutter ist fort!". Er oder sie ist fort, nur der Körper ist noch da – eine sehr schöne und würdevolle Art, den Tod der geliebten Person in Worte zu fassen.

Der Zeitpunkt des Todes blieb auch den Nachbarn nicht verborgen: „Wenn es gebrannt hat, dann hast du gewusst, jetzt ist er gestorben." Wenn der Tod eingetreten war, wurde als Erstes der Strohsack des Totenbettes weithin sichtbar verbrannt.

Nahe Verwandte oder Nachbarn kamen nun, um dem Verstorbenen den letzten Liebesdienst zu erweisen, ihn zu waschen und anzukleiden. Männer wurden in ihrem besten Anzug, Frauen im schönen dunklen Kleid aufgebahrt und beerdigt. In beiden Fällen war dies oft die Hochzeitskleidung gewesen.

Nun kam Geschäftigkeit auf. Es musste viel gerichtet und viel vorbereitet werden. Das Bett wurde zu einer Totenbahre umfunktioniert, indem man Bretter darauflegte und seitlich die schönen bestickten Bahrtücher drapierte. Die Fenster wurden schwarz verhängt, Kerzen aufgestellt, das Zimmer mit Blumen geschmückt und Weihwasser für die Besucher bereitgestellt. Der Tote wurde „schön" aufgebahrt und meistens auch noch ein letztes Foto zur Erinnerung gemacht. In Fotoalben und in den „Küchenladln" findet man solche Aufbahrungsfotos neben Hochzeitsbildern und Kinderfotos. Dies zeigt, wie sehr Sterben und Tod früher tatsächlich zum Leben dazugehörten. Solche Bilder wurden erst später zum Tabu, als der direkte Kontakt zu den Sterbenden und den Toten verloren ging.

Der Tote wurde zwei bis drei Tage in seiner Kammer oder in einem anderen Zimmer aufgebahrt. Den ganzen Tag über kamen immer wieder Menschen, um sich zu verabschieden, um dem Toten „Weihbrunn" zu geben, das heißt ein

Denkt meiner im Gebete

Die Zeit wird schnell vergehn

Dann werden wir uns alle

Im Himmel wiedersehn!

Ein schön besticktes Bahrtuch.

Kreuzzeichen zu machen und ihn mit Weihwasser zu besprengen. Man betete ein Vaterunser, sagte vielleicht noch ein paar letzte Worte zum Verstorbenen und berührte ihn. Auch Kinder wurden nicht vom Aufbahrungszimmer ferngehalten. Vielfach ermutigte man sie sogar, den Verstorbenen zu berühren, da man damit, wie man meinte, die Scheu vor den Toten verliere.

An den Abenden kamen Verwandte und Freunde zur Totenwache. Diese geschah nicht im Aufbahrungszimmer, sondern in der Stube am großen Tisch. Es wurde gebetet, meist zwei Rosenkränze und eine Litanei. Diese Litaneien wurden „heruntergeleiert", um den Sinn kümmerten sich nur wenige. Der Vorbeter las jeweils eine Bitte und rief den betreffenden Heiligen an, daraufhin antworteten alle: „Bitte für ihn!" oder „Bitte für sie!". Dass die Bitten für einen Verstorbenen oft völlig unnütz waren, wie ein Oberösterreicher berichtet, kümmerte niemanden: „Da haben sie gesagt: ‚Gegen Blitz und Unwetter', ‚Bitte für ihn!' Aber er ist ja eh schon gstorbn gwesn! ‚Gegen Pest, Hunger und Krieg', ‚Verschone ihn, oh Herr!' Aber er ist gstorbn gwesn! ‚Vor der Geisel des Erdbebens!' Und wiederum ist er schon gstorbn gwesn!"

Einer meiner Gesprächspartner war Vorbeter beim „Wachten" gewesen. Seine Aufgabe war es unter anderem, alle Heiligen anzurufen. Er war klug genug, in seinem „Betbüchl" alle jenen Heiligennamen durchzustreichen, von denen er im Vorhinein wusste, dass er sie nicht richtig aussprechen würde können. So mancher Vorbeter war hingegen schon bekannt für die immer gleichen falschen Betonungen: „Ein Heiliger heißt Thaddäus und unser Vorbeter konnte das nicht richtig aussprechen und hat immer ‚heiliger Thaaaadäus' gesagt." Alle warteten schon immer auf diesen Moment und lachten dann. Unfreiwillige Komik gab es beim Beten öfter. Ein anderer Vorbeter sagte statt „In der Stunde unseres Absterbens, Amen" immer: „… Absterben Samen". Wieder lachten alle. Gerade weil die Angelegenheit so ernst war, war Lachen ein Ventil, um die Situation als weniger bedrückend zu empfinden.

Nach dem Beten wurden Most und Brot gereicht und manchmal ging es dabei sogar recht fröhlich zu, besonders dann, wenn der Todesfall nicht sehr tragisch war, also wenn ein alter Mensch und kein Kind oder junger Erwachsener gestorben war. Die Jugend vergnügte sich mit Spielen, wie „Stockschlagen", oder erzählte sich Spukgeschichten. Peter Rosegger schreibt, dass das „Wachten" für den vulgo Weberhansl so lustig gewesen sei, dass einer der Nachbarn schließlich seufzte: „Na, wie ist's heut lustig! Schad, dass der Weberhansl nicht da ist, er ist grad um einen Tag zu früh verstorben!"

Am Tag des Begräbnisses fanden sich alle Trauergäste zum festgesetzten Zeitpunkt vor dem Haus ein. Der Tote war im Beisein der Angehörigen in die „Truhe" gelegt worden. Nun wurde der Sarg mit den Füßen voran aus dem Haus getragen. Auf der Türschwelle wurde er in Kreuzform gehoben und gesenkt, bevor man sich auf den Weg in Richtung Kirche machte. Der Leichenzug bewegte sich ins Dorf, voran der Sarg mit den Trägern, dahinter die Trauergemeinde, genau eingeteilt nach Alter und Naheverhältnis zum Toten. „Es ist der Rosenkranz gebetet worden und bei jedem Gsetzl haben sich die Träger abgewechselt." Da die wirklich Trauernden vorn beim Sarg gingen, wurde „vorne gebetet und hinten getratscht". Nach der Totenmesse und dem Begräbnis wurden die Verwandten, die Patenkinder, die Leichenträger, der Pfarrer und der Totengräber zum Essen ins Gasthaus eingeladen.

Zum Zeitpunkt des Begräbnisses war beim vorangegangenen dreitägigen „Wachten" schon viel Trauerarbeit geleistet worden. Man hatte viel geweint, viel gebetet und gemeinsam den Verlust beklagt. Das Leben und die Verdienste des Verstorbenen waren abends beim „Wachten" besprochen worden. Im Haus war ständig ein Kommen und Gehen gewesen und vor lauter Geschäftigkeit war man noch gar nicht viel zum Nachdenken gekommen.

Nun begann die offizielle Trauerzeit, die ein Jahr dauerte. Das erste halbe Jahr lang wurde streng auf schwarze Kleidung des verwitweten Ehepartners geachtet, im zweiten Halbjahr trug man nur mehr „halb schwarz". In manchen Häusern durfte während dieser Zeit im Radio keine Musik gehört werden, nur die Nachrichten. Eine erneute Verehelichung war auch erst nach dem Trauerjahr möglich.

Die Sterbenden und die Toten wurden nicht von den Lebenden ferngehalten. Obwohl es hart war, beim Sterben zuzusehen, war es für die Hinterbliebenen eine wichtige Erfahrung: „Wenn man beim Sterben dabei war, lebt es sich danach leichter. Man weiß, wie es gewesen ist. Wenn jemand im Spital allein stirbt, dann hab ich ihn nicht gesehen und weiß nichts. Es ist einfach für alle schöner, wenn man sich in der letzten Stunde nicht alleine lässt. Das gehört sich einfach und man kann hinterher leichter weiterleben."

Die Selbstversorgung

Leben (fast) ohne Geld

VOM EIERGELD UND ANDEREN KOSTBARKEITEN

Geld war früher auf den Bauernhöfen Mangelware. Sicher, Besitz war vorhanden, oft gab es Grund und Boden sogar in großem Ausmaß, aber Barmittel kaum. „Wenn der Bauer Geld gebraucht hat, hat er hie und da ein Stückl Vieh verkauft. Wir haben mehr oder weniger vom Milchgeld und von den Ferkeln gelebt, die wir aufgezüchtet und dann verkauft haben." Deswegen wurde mit dem Geld sehr sorgfältig umgegangen. Jeder Schilling wurde sozusagen zweimal umgedreht, bevor er ausgegeben wurde.

Besonders den Frauen stand sehr wenig Geld zur Verfügung. Eine der wenigen Möglichkeiten, etwas Kleingeld ins Haus zu bekommen, war der Verkauf von Eiern. Das Eiergeld war häufig die einzige Einkommensquelle der Frauen, mit der sie Lebensmittel, oft aber auch Schulsachen für die Kinder kaufen konnten. Kein Wunder also, dass beim Kochen sehr mit den Eiern gespart wurde. Ein Ennstaler erinnert sich, dass er als Kind nur ein einziges Mal im Jahr ein Spiegelei bekommen hat: „Der Pfarrer hat uns alle Jahr einmal besucht. Dann hat er seine Wirtschafterin mitgehabt und die Mutter hat ihnen etwas Besonderes aufgetischt: Spiegeleier! Auf diesen Besuch haben wir Buam uns immer sehr gefreut, denn da haben auch wir ein Spiegelei gekriegt: eines für uns zwei Buam! Das war für uns eine Sensation, denn mit den Eiern ist man sehr sparsam umgegangen."

In manchen Gegenden, wie der Südsteiermark, wurden auch die Hühner verkauft. Dies ging so weit, dass man sagte: „Ein Hendl kriegt man nur, wenn der Bauer oder das Hendl krank ist!" Das führte paradoxerweise dazu, dass in der Region des berühmten steirischen Backhendls früher auf vielen Höfen, vor allem bei Kleinlandwirten, Hühner selten gegessen, sondern lieber zu barem Geld gemacht wurden. Hühneraufkäufer, die „Heatrager", gingen mit ihren Rückentragen von Hof zu Hof und kauften Masthühner und auch Eier.

Der Erlös beim Verkauf der Hühnereier war oft das einzige Einkommen der Bäuerin.

Eine Innviertlerin berichtet von einer anderen Möglichkeit, ein paar Groschen zu verdienen: „Als Bauerntochter hast du viel weniger Geld gehabt als eine Bauerndirn. Die hat zwar auch nicht viel verdient, aber wir haben gar kein eigenes Einkommen gehabt. Wir haben keinen eigenen Groschen gehabt, gar nichts! Wenn wir doch einmal etwas gebraucht haben, sind wir zur Mutter gegangen, weil die hat mehr Einsicht gehabt als der Vater. Eine der wenigen Gelegenheiten, zu Geld zu kommen, war der Leihkauf. Das ist das Angeld, wenn du ein Stückl Vieh verkaufst. Wenn du eine Sau verkauft hast, waren das vier oder fünf Schilling, nicht viel, aber das war dein eigenes Geld. Manchmal haben wir gehört, dass wieder einer kaufen kommt. Wie wir da gerannt sind! Und wenn das einer war, von dem wir gewusst haben, dass er viel Leihkauf gibt, dann haben wir beim Vater gebettelt: ‚Bitte verkauf's ihm, der gibt einen Haufen Leihkauf!‘“

Wo wenig Geld vorhanden war, konnte auch nur wenig Geld ausgegeben werden. Man versuchte, so wenig wie möglich zu kaufen und so viel wie möglich selbst zu erzeugen und selbst zu reparieren. „Wenn im Haus etwas zu richten war, hat der Mann es selbst gemacht. Im Winter sind die Männer immer in der Werkstatt gewesen und haben die Sonnbenk repariert oder Besen gebunden. Alles, was du selbst hast machen können, dafür hast du niemanden bezahlen müssen.“

Rechen, Besen und einfaches Werkzeug, selbst Holzschuhe und Kleidungsstücke – je geschickter die Bauersleute waren, desto weniger musste gekauft werden. Wenig Geld ausgeben! Wenig zukaufen! Dies waren Tugenden im alten Bauernstand, die sich zum Teil noch bis heute gehalten haben. Nach heutigen Maßstäben waren die alten Bauern Kleinstverdiener. Ihr Einkommen an Geld reichte keineswegs aus, um sich Konsum in irgendeiner Art und Weise leisten zu können.

Dennoch hatte ein Bauer alles, was man zum Leben brauchte. Er war autark und unabhängig. Der Ertrag seines Hofes reichte gewöhnlich aus, um sich, seine Familie und seine Dienstboten zu ernähren und versorgen: Die Leinwand für Tisch- und Bettwäsche und für einen Teil der Kleidung war auf dem eigenen Flachsfeld gewachsen, die Wolle für die warmen Socken und der Loden für die wetterfesten Janker stammten von den Schafen, die im Sommer auf der Alm weideten, das Holz zum Heizen wurde im eigenen Wald geschlägert, selbst das Leder für die Schuhe kam von der eigenen Sau. Selbstredend, dass auch praktisch alles, was auf den Tisch gekommen ist, aus eigener Erzeugung stammte:

Fleisch, Würste, Speck, Eier, Brot, Butter und Rahm, Schmalz, das Sauerkraut natürlich, jeder Knödel, jede Suppe, jeder Sterz – alles war auf dem eigenen Grund und Boden produziert worden. Zugekauft wurde sehr wenig, meistens nur Salz, Kaffee und Zucker und ab und zu ein schöner Stoff für ein besonderes Gewand.

Jeder kannte den Werdegang der Produkte. Jeder konnte nachvollziehen, wie viel Arbeit, Mühe und Wetterglück in jedem Laib Brot steckten. Wie kostbar jedes Getreidekorn war, zeigt folgende Erinnerung eines Oberösterreichers: „Nach dem Dreschen der Getreideähren musste die Tenne gekehrt werden. Man hat gesagt, wenn man dabei auch nur ein einziges Korn findet, dann hat sich das Kehren schon ausgezahlt." Mit der gleichen Sorgfalt wurde jedes Stück Brot behandelt. Es durfte niemals weggeworfen werden. Selbst steinhartes Brot wurde noch in Brocken geschnitten und verzehrt.

Ein schönes Beispiel für die bäuerliche Selbstversorgung war die Hausleinwand. Bis man aber den fertigen Stoff in Händen halten konnte, war großer Arbeitsaufwand notwendig. Es begann im Frühjahr mit dem Säen von Lein, dem Flachs. Etwa fünf bis sechs Wochen nachdem die Saat aufgegangen war, musste das Flachsfeld gründlich gejätet werden. Diese Jätearbeit war beim Lein zwar sehr mühsam, aber besonders wichtig, damit die Pflanzen ungehindert wachsen konnten. Wie schön ein „Hoarfeld" zur Zeit seiner Blüte anzusehen war, ist heute beinah vergessen. Der Flachs leuchtete himmelblau, fast so wie Lavendel.

Bei der Ernte im September wurde der Flachs nicht geschnitten, sondern „gerupft", also samt der Wurzel aus der Erde gezogen. Jede Faust, die man ausgerupft hat, ist separat übers Kreuz zu Garben gelegt worden. Diese wurden getrocknet und danach in der Tenne „geriffelt", um den Leinsamen vom Stroh zu trennen. Nun wurde der Flachs so lange im Freien ausgelegt, bis das Stroh faulig und mürbe wurde. Dann hieß es wieder alles einsammeln und noch einmal trocknen.

Etwa im November, wenn alle andere Arbeit getan war, wurde gebrechelt. Die „Haarstube", der Dörrofen, wurde eingeheizt und dort der Flachs gedörrt. Ständig wurde aus der „Haarstube" heißer Flachs geholt und im „Brechelschwert" bearbeitet. Durch kraftvolles Auf- und Niederschlagen befreite man den Flachs von seinen holzigen Bestandteilen. Hitze an den Händen, Kälte an den Füßen und überall Staub – diese Arbeit war eine der schwersten im bäuerlichen Leben.

Beim Kaufmann im Dorf konnte man alles bekommen, Lebensmittel, Stoffe und sogar Petroleum.

Ein Weber bei der Arbeit.

Nun mussten nur noch die im Flachs verbliebenen harten Teile mit einem Kamm entfernt und die Strähnen zu Zöpfen gedreht werden. Im Winter und bis in den März hinein liefen die Spinnräder den ganzen Tag. Der Flachs wurde zu Garn versponnen, das der Weber schließlich zu grober und feiner Leinwand verwebte. Die Leinwand im Kasten war ein sichtbares Zeichen für Wohlstand, auch die schönen Flachszöpfe wurden gerne hergezeigt; sie waren ein Sinnbild für den Fleiß der Frauen und Mädchen.

Ein Bauernhof war eine eigene kleine Welt für sich. Man lebte autark. Von der Welt draußen brauchte man nicht viel, schon allein deshalb, weil man es mit Geld hätte erwerben müssen, das man nicht hatte. Sparsamkeit war eine Tugend; gekauft werden sollte nur das dringend Notwendige. Als eine Bauerntochter in den Fünfzigerjahren ein Glas Marillenmarmelade gekauft hatte, wurde sie von ihrem Vater dafür gerügt. Seiner Meinung nach war das eine unnütze Ausgabe, denn im Garten standen Zwetschkenbäume. Daraus konnte man eigene Marmelade machen. Also wozu etwas kaufen, das man selbst herstellen konnte? Diese Haltung ist der Frau in Fleisch und Blut übergegangen: „Noch heute habe ich nie das Bedürfnis, dass ich etwas unbedingt haben muss. Meistens denke ich mir, das brauch ich nicht!"

Eine Obersteirerin erklärt die Haltung zu Geld und Konsum, die früher am Land herrschte, so: „Bei jedem Schilling, bevor er ausgegeben wurde, hat man sich immer wieder überlegt: Was ist jetzt das Wichtigste? Was brauchen wir unbedingt?"

Auch zu Weihnachten wurde, wenn möglich, nur wenig Geld ausgegeben. Eine Bäuerin aus dem Ausseerland erinnert sich: „Ich habe dem Vater zu Weihnachten immer neue Strohpatschen gemacht, weil er die alten übers Jahr zammgerissen hat. Vom Schuster habe ich den Leisten gekriegt, dann habe ich die Patschen schön gefüttert und ihm ein Packerl Zigaretten hineingesteckt. Über das Geschenk hat er sich immer sehr gefreut!"

Die Grenzen zur Armut waren aber fließend, wenn notwendige Bedürfnisse aus Mangel an Barem nicht befriedigt werden konnten. Dies war für jene ein Problem, die zu wenig Grundfläche hatten, um sich selbst zu versorgen. Es war ein großer Unterschied, ob man von Geld relativ unabhängig war, weil man ohnehin alles Notwendige selbst produzierte, oder ob man so wenig Einkommen hatte, dass man Not leiden musste.

Eines der Dinge, die immer zugekauft werden mussten, war Salz. Manche Kleinbauern und Tagelöhner waren so arm, dass sie sich kein Speisesalz leisten konnten und deshalb das minderwertige Viehsalz kauften. Der alte Herr, der mir dies anvertraute, konnte sich aber nicht verkneifen, hinzuzufügen: „Aber so viel Geld hat der Bauer immer gehabt, dass er sich seinen Tabak hat kaufen können!"

Für arme Menschen war vor allem der Kauf von Kleidung und von Schuhen eine finanzielle Herausforderung. Wenn kein Geld da war, dann wurde zuerst bei den Schuhen der Kinder gespart. In der warmen Jahreszeit gingen sowieso alle Kinder barfuß, nur im Winter brauchten sie Schuhe. Da Kinderfüße wachsen und ständig neue, größere Schuhe nötig sind, stellte das arme Leute vor große Probleme. Gar nicht so selten kam es vor, dass sich mehrere Kinder in einer Familie ein Paar Schuhe teilen mussten. So konnte beispielsweise im Winter immer nur ein Kind zur Schule gehen. Die Kinder wechselten sich tageweise ab. Immer nur jenes Kind, das dran war, die Schuhe anzuziehen, konnte sich auf den Weg in die Schule machen.

Das Ideal eines Lebens (fast) ohne Bargeld konnte also nur verwirklicht werden, wenn der Hof wirtschaftlich stark und in jeder Weise autark war. Nur wer alles, was er zum Leben brauchte, selbst erzeugte, konnte darauf verzichten, sich von Einkäufen und vom Geldfluss abhängig zu machen. Ein solches Leben verlangte den Menschen viel an Mühe und Arbeitskraft ab und erforderte Bescheidenheit, Genügsamkeit und Sparsamkeit. Der Lohn dafür aber war, sich nicht am Markt orientieren zu müssen, sondern ein gewisses Maß an Freiheit und eine große Unabhängigkeit zu gewinnen.

Was die Alten noch wussten

ALTES WISSEN — ECHTES HANDWERK

Der Großvater konnte noch einen „Steckenzaun" machen, Dachschindeln herstellen, Besen binden und Rechen fabrizieren. Der Sohn kann es nicht mehr richtig und der Enkelsohn gar nicht mehr. „Gelernt ist es langsam, aber verlernt sofort", meint dazu ein Murtaler Bergbauer.

Die Großmutter konnte noch spinnen, zweifädig und dreifädig, denn in ihrer Jugend wurde noch hauseigene Leinwand erzeugt; die Tochter kann es nicht mehr, denn dieses Können wird heute nicht mehr gebraucht. Es ist unnötiges Wissen geworden.

Wer kennt noch alle Geheimnisse des Dachschindelmachens? Josef Petschnig, ein 80-jähriger Bauer aus Südkärnten, ist ein Fachmann: „Zuerst wird das Fichtenholz gekloben. Fichten nimmt man deshalb, weil sich das Holz besser kliaben lässt, Lärchen gehen zwar auch, aber das Holz ist schwieriger zu kliaben. Man darf nur das rote Holz nehmen, dann hält so ein Dach aus Lärchenschindeln an die 70 Jahre. Da werden dann die Nägel früher kaputt als das Holz! Man schneidet das Holz auf etwa einen Meter Länge. Man kann nur Holz brauchen, das in der Mitte hohl ist, deshalb kommt der Kern aus dem Stamm heraus. Zum Schindelmachen wird nur das Äußere gebraucht. Ganz wichtig beim Kliaben ist, dass man die Schindeln gleich wieder so zusammenschlichtet, wie sie im Stamm gewachsen sind. Denn wenn an einer Stelle eine Wölbung von einem Ast ist, dann hat die nächste Schindel diese Wölbung auch und die dritte auch noch. Nur wenn man alle so schlichtet, wie sie von Natur aus waren, und in dieser Reihenfolge das Dach deckt, nur dann wird das Dach richtig schön."

Der Aspekt der Schönheit ist ein ganz wichtiger beim alten handwerklichen Können. Denn was aus guten Materialien sorgfältig und nach bestem Wissen gearbeitet ist, das ist auch schön.

Ein Fassbinder bei der Arbeit.

Ein gutes Beispiel dafür ist das Zaunmachen. Ein schöner alter Stangenzaun ist ansehnlicher als Stacheldraht oder gekaufte Meterware. Josef Petschnig: „Wenn man einen richtigen Stangenholzzaun macht, den schmeißt der Schnee nicht um. Ein Stacheldraht hingegen, der reißt im Winter. Wenn man einen Holzzaun machen will, muss man schon im Winter im alten Mond die Lärchenstempel schlägern. Denn ein Holzzaun, der mit dem richtigen Holz und auf die richtige Art gemacht ist, der hält 30 Jahre lang." Selbst er, der 80 Jahre alt ist, kann sich nicht mehr genau daran erinnern, wie man einst die Zaunringe für diese Holzzäune hergestellt hat.

Karl Koch aus dem Gurktal hingegen beherrscht die Kunst der Zaunringherstellung noch heute. Dabei kommt es zunächst darauf an, dass die Fichtenzweige richtig abgeschnitten werden. Die beste Zeit dafür sind die Monate Mai und Juni, wenn die Äste im Saft stehen und leicht zu biegen sind. Wichtig ist, dass die Äste schön zugerichtet werden. Dabei werden alle kleineren Äste an den Seiten sehr sorgfältig abgeschnitten, damit kein „Sunnte" entsteht, das heißt, dass die Rinde nicht angeschnitten wird. Nun müssen sie im Feuer weich gemacht werden, damit man sie zu einem Ring drehen kann. Beim „Zaunringbraten" werden die Äste so lange übers Feuer gehalten, bis sie geschmeidig genug sind, um zu Ringen geflochten zu werden. Richtig „gebraten" sind sie, wenn sie einen pfeifenden Ton von sich geben. „Sie singen schon!", sagte man dann. Die Stecken für den Zaun wurden aus den Ästen der großen Fichten gemacht. Das Herunterhacken der Äste nannte man „Schnoaten". Beim Anspitzen der Stecken musste man mit der Hacke sehr geschickt sein. Man sagte: „Den Stecken musst du auf einem Felsen mit einer Hacke spitzen können, ohne die Schneid der Hacke zu verderben."

Ein anderer Oberkärntner Bauer, Johann Kohlmayer, kennt noch die Finessen der alten Zimmerleute. In jedem der alten „Troadkästen", den Vorratsspeichern, steckt so viel an Know-how, dass man beinah ein eigenes Buch darüber schreiben könnte. Ein Getreidekasten war nur etwa vier mal vier Meter im Quadrat groß. Im gemauerten Unterbau wurden die Krautbottiche aufbewahrt, in den beiden darüberliegenden Stockwerken lagerten die Getreidevorräte, meistens Hafer, Gerste, Weizen und Roggen. In den Mehltruhen lag der Vorrat an Weizen- und Roggenmehl und es gab auch Fächer für Bohnen und dergleichen. Im Dachgeschoß schließlich hingen Speck und geselchtes Fleisch, manchmal auch noch das frisch gebackene Brot, schön luftig geschlichtet auf den „Brotleitern". Wenn viele Speckseiten und Fleischstücke auf Haken von den Stangen herabhingen, nannte man dies einen „Speckhimmel".

An einen „Troadkasten" wurden verschiedene Anforderungen gestellt. Er musste vollkommen sicher vor Mäusen, Ratten und Ungeziefer sein, dabei aber

Das Dengeln der Sensenblätter erforderte viel Erfahrung und Feingefühl.

auch luftig genug, um die Nahrungsmittel frisch zu halten beziehungsweise sogar zu belüften.

Jeder Zimmermann setzte seinen ganzen Ehrgeiz daran, die Getreidekästen so sorgfältig wie möglich auszuführen. Sehr schön sieht man dies an den kunstvollen Schwalbenschwanzverbindungen. Holz hat die Neigung, sich bei Sonneneinstrahlung und bei Feuchtigkeit zu verziehen. Dabei würde zwischen den Kanthölzern eine Kluft entstehen, durch die Ratten oder Siebenschläfer eindringen könnten. Verbindet man die Balken aber mit einer Schwalbenschwanzverzinkung, kann sich das Holz nicht mehr „drehen".

Eine weitere Raffinesse der alten Getreidekästen war die „Mauswehr", ein etwa 30 Zentimeter breites Brett, das schräg nach unten geneigt war. Mäuse und Ratten sind zwar imstande, eine glatte Wand emporzuklettern, dieses Hindernis konnten sie jedoch nicht überwinden.

Das Dach durfte auf keinen Fall mit Ziegeln gedeckt sein, sondern nur mit Holzschindeln. „Wenn du ein Ziegeldach nimmst, hast du im Sommer einen Wärmestau, dann rinnt dir der Speck! Da hilft nur Holz. Holz ist nicht zu heiß und nicht zu kalt. Holz reguliert die Wärme richtig. Dann funktioniert auch der Luftzug und der Speck wird hart und hält sich über den Sommer."

Das Wissen wurde von einer Generation auf die nächste weitergegeben.

Schon vor dem Bau eines „Troadkastens" musste man auf die Wetterseite achten, damit man wusste, aus welcher Richtung die meisten Winde wehten. So baute man dann die kleinen Fensterchen oder auch eine Tür genau in diese Richtung und sorgte so für Durchzug. Damit wurde zum einen im Sommer ein Wärmestau verhindert, zum anderen trocknete der durchziehende Wind auch den aufgehängten Speck und das Selchfleisch. Selbstverständlich schützten feine Gitter an den Fenstern die Vorräte vor Fliegen und anderen Insekten.

Zum dörflichen Leben gehörten seit jeher die Handwerker, die Schuster und Schneider, die Sattler und Wagner, die Zimmerer und Tischler. Viele handwerkliche Arbeiten konnten jedoch geschickte Bauern selbst durchführen. Der eine war geschickt im Körbeflechten, der andere beim Besenbinden, der Dritte wusste, wie man Holznägel herstellt. Nicht jeder war gleich begabt und gleich interessiert. Ein handwerklich sehr geschickter Bauer erklärt den Unterschied: „Ich habe schon als Kind die Augen immer offen gehabt. Mich hat alles Handwerkliche sehr interessiert. Da war zum Beispiel bei uns einer, der hat Rechen machen können. Zu dem bin ich dann oft rübergegangen und habe ihm zugeschaut."

Die Kunst beim Rechenmachen war, die Neigung der Zähne richtig zu setzen, je nachdem, wofür das Werkzeug benötigt wurde. Es gab einen Rechen für steiles Gelände und einen für die Ebene. Der Rechen musste vor allem leicht zu ziehen sein. Waren die Zähne zu steil, grub er sich in den Boden. Waren sie zu flach, konnte er das Heu nicht fassen. Jeder Rechen musste also anders „gestellt" sein. Solche Feinheiten werden heute bei industriell gefertigten Rechen nicht mehr berücksichtigt. Sie sind verschwunden genauso wie viele Geräusche, die man früher in jedem Dorf hörte: das Hämmern der Dorfschmiede, das Schlagen der Dreschflegel im Herbst und das Geräusch des Dengelns zur Zeit der Ernte und des Mähens.

Das Dengeln der Sensen etwa war eine enorm wichtige Arbeit. Eine gute „Schneid" war für die Arbeit der Mäher eine Grundvoraussetzung. Beim Dengeln wurde mit einem Hammer gezielt auf das Sensenblatt geschlagen, bis dieses verdünnt und somit geschärft war. Man brauchte Erfahrung und Fingerspitzengefühl, um das Sensenblatt dabei nicht zu ruinieren: „Wenn du das nicht richtig machst, kriegt die Sense Blodern und du kannst sie wegschmeißen! Dann ist das Sensenblatt unbrauchbar. Die wenigsten Bauern können heute noch dengeln." Auch während des Mähens musste jeder Mäher imstande sein, seine Sense zu wetzen. Zu diesem Zweck trug jeder am Hosenriemen einen „Kumpf" bei sich, ein Kuhhorn, in dem der Wetzstein aufbewahrt wurde.

Viel an Können und zahlreiche Fertigkeiten sind mit den letzten Trägern dieses Wissens in den vergangenen Jahrzehnten ausgestorben. Nur mehr wenige Menschen wissen, wie man mit der Sense so mäht, „dass es gschmiert umigeht", dass es „zischt" und leicht geht, oder wie man Flachs zu Garn verspinnt, wie man seine eigene Leinwand und seine eigene Wolle herstellt. Vieles von dem, was man können musste, um ohne maschinelle Hilfe zu leben und zu arbeiten, ist heute scheinbar zu nichts mehr nütze.

Es sind Fertigkeiten dabei, von denen man meinen könnte, es hätte sie in unserer Kultur nie gegeben, wie die Fähigkeit, Lasten auf dem Kopf zu tragen. Bis vor einigen Jahrzehnten gehörte es in vielen Gegenden unseres Landes noch zum Alltag, einen schweren Korb auf dem Kopf zu transportieren, etwa in der Oststeiermark: „Wenn die Leute weiter weg gearbeitet haben, dann haben wir ihnen das Essen in einem großen Kopfkorb gebracht. Er war bis oben angefüllt mit Essen für 14, 15 Personen. A bissl a Suppn, a weng a Fleisch und Krapfen a dazu! Das ist alles am Kopf oben getragen worden."

Die Kopfkörbe hatten auf der Unterseite eine Wölbung. Solche Stroh- und Weidenrindenkörbe wurden von den Männern im Winter geflochten. Es wurden verschiedene Größen und Arten hergestellt, je nachdem, was darin getragen werden sollte: Mehl, Holz, Äpfel oder anderes. Die Körbe wurden auf den Kopf gehoben und dann, nur mit einer Hand gehalten, von den Frauen, manchmal auch von Männern getragen. Schon die kleinen Mädchen übten mit Eifer diese besondere Trageart: „Als wir noch ganz klein waren, so vier oder fünf Jahre, haben wir zum Geburtstag ein Körberl gekriegt. Da haben wir zuerst nur gespielt und dann haben wir schon begonnen, leichte Sachen am Kopf zu tragen. Wir haben ja von klein auf bei den anderen gesehen, wie es geht. Und darum haben wir auch schon mithelfen wollen und haben halt irgendetwas getragen, ich glaub, das Erste waren Äpfel. Man kriegt das Gefühl für den Korb gleich. Es braucht nicht so lange, bis man es lernt!"

Man trug nach dem Dreschen das Getreide auf dem Kopf in die Getreidekammer, zu Ostern das Fleisch, das Brot und den Kren im „Weihkörberl" in die Kirche und im Winter das Brennholz auf diese Art in die Küche. Traditionell trugen die Sennerinnen die Butter und den Käse auf dem Kopf ins Tal hinunter. Sie benutzten allerdings einen Stoffring, auf den sie den Korb aufsetzten, um ihn, das „Almfachtl", heimzutragen.

Vieles wäre noch anzuführen, etwa die Fähigkeit, das Wetter durch Naturbeobachtung vorherzusagen, wie zum Beispiel: „Wenn es schneit und die Lärchennadeln noch auf den Bäumen bleiben, dann kann man sicher sein, dass der Schnee wieder weggeht. Denn die Lärchennadeln müssen unter dem Schnee sein!"

Die bäuerliche und ländliche Kultur hat sich in den Fünfziger- und Sechzigerjahren des 20. Jahrhunderts grundlegend geändert. Es war nicht nur ein Strukturwandel, der zur Folge hatte, dass der Anteil der Agrarbevölkerung drastisch zurückging. Es war auch ein Paradigmenwechsel: Plötzlich wurde „alles anders". Das war in vielen Bereichen auch längst überfällig und richtig. Dennoch: Ist altes Wissen einmal verloren gegangen, ist es sehr schwer, es wieder zu beleben. Es sind die Erfahrungswerte und die Details, auf die es ankommt und die nur die alten Könner und Meister wissen.

Was auf den Tisch kommt

GEMEINSAM AUS EINER SCHÜSSEL

Ein Bauernhof im Innviertel in den Dreißiger-, Vierzigerjahren, nahe an der bayerischen Grenze: Jeden Vormittag im Herbst und im Winter werden für die Schweine in einem Kessel Erdäpfel gedämpft. Das Saufutter ist wichtig, denn es garantiert zur Schlachtzeit vor Weihnachten eine schöne, mehrere Hundert Kilogramm schwere Specksau. Es ist die Aufgabe der Bäuerin, reichlich und gutes Mastfutter zuzubereiten. Die Bauerntochter, ein junges Mädchen, geht zum Kessel und lüftet den Deckel. „Da sind die Erdäpfel so schön dagelegen, so aufgesprengt und so gut gerochen haben sie auch!" Sie freut sich schon auf die Vormittagsjause um 9 Uhr. Sie nimmt ein paar Erdäpfel heraus und stellt sie für die Jause bereit: eine saure Suppe, dazu die warmen Erdäpfel. „Das hat so gut geschmeckt!" Die restlichen Kartoffeln kriegt die Sau, die vermutlich auch ihre Freude daran hat.

Einem Teenager läuft das Wasser im Mund zusammen, wenn er gedämpfte Erdäpfel riecht, nicht etwa Schnitzel, nicht Schweinsbraten, nicht Pommes frites, sondern einfach nur gekochte Kartoffeln. Das ist wohl nur möglich, wenn Geschmacks- und Geruchssinn noch nicht von anderen stärkeren und künstlichen Geschmacksrichtungen dominiert werden. Dann kann der köstliche Geruch von gekochten Erdäpfeln als Vorgeschmack auf eine Delikatesse wahrgenommen werden. Die Erinnerung an diesen Wohlgeruch scheint bei vielen Menschen noch sehr stark zu sein: „Als Bub hab ich die Erdäpfel für das Saufutter gestampft. Diese Arbeit habe ich sehr gern gemacht, denn die frisch gedämpften Erdäpfel haben extrem gut gerochen!"

Auch der Geschmack einer Scheibe Bauernbrot, selbstverständlich ohne Butter, Käse oder Wurst, ist noch vielen in Erinnerung. „Am Schulweg haben wir gern Brot getauscht, denn das Brot hat bei jedem Bauern anders geschmeckt. Bei einem war es so eine Art Vollkornbrot, dunkelbraun, fast schwarz, der andere hat mehr Kleie dabeigehabt, der andere hatte wieder sogar ein Weizenbrot."

„Ein Butterbrot war etwas Großes! Und erst ein Butterbrot mit Honig! Das ist bei uns erst in den Sechzigerjahren aufgekommen, dass wir so etwas gegessen haben. Anfangs haben wir einen Drei-Kilo-Brotlaib weggegessen, nur mit Butter und Honig bestrichen."

Trockenes Brot und Most, das war bis in die Vierzigerjahre bei ärmeren Bauern eine vollwertige Jause. „Als meine Mutter zum Hof geheiratet hat, wollte sie den Leuten Schmalzbrot und Most geben. Da hat die Bäuerin gesagt: ‚Wo wirst du denn noch hinkommen, wenn du so wirtschaftest und die Sachen so verschleuderst. Brot und Most reichen auch!'"

Selbst trockenes, hartes Brot schmeckte gut: „Ich habe als Bub als Belohnung für einen Botendienst einmal zwei Mugeln hartes Brot und ein Eckerl Wabenhonig bekommen. Ich hab mich hingesetzt und hab den ganzen Honig auf einmal weggegessen. Wie war das gut! Das Brot hab ich dazu genagt, durch den Speichel ist es ganz weich geworden."

Der Tag begann mit der Frühmahlzeit. Gefrühstückt wurde aber nicht unmittelbar nach dem Aufstehen, sondern erst nach der morgendlichen Stallarbeit. Wenn man gegen fünf Uhr aufgestanden ist, hat es demnach bis etwa sechs Uhr gedauert, bis man sich zum Frühstück setzen konnte.

Zum Frühstück gab es Milchsuppe, saure Suppe, Schottsuppe oder Sterz. Gelegentlich wurde auch nur eine große Schüssel mit frischer Milch auf den Tisch gestellt, in die Brot eingebrockt war. Kaffee und Butterbrot waren unüblich und kamen erst sehr spät auf. Wo keine Morgensuppe üblich war, dort wurde ein Pfannengericht oder ein Ofensterz bereitet. Das „schwarze Koch" war etwa in der Gegend um Schladming bekannt: Butter wurde in der Pfanne erhitzt, dazu kamen Roggenmehl und Wasser und ein wenig Salz. Gezuckert wurde diese Speise nie, nur zur Zwetschkenzeit kamen ein paar Früchte dazu.

Danach wurde bis neun Uhr gearbeitet, dann war Jausenzeit. Was gejausnet wurde, war regional stark verschieden. Die einen bevorzugten Geselchtes und

Das Essen wird den Mähern auf die Wiese gebracht.

Brot oder Speck und Brot, dazu Most, die anderen begnügten sich mit Suppe und heißen Erdäpfeln. In der Oststeiermark bekamen die „Mahder" am Acker als Vormittagsjause Brot und „dicke Milch". Diese Sauermilch wurde in eine große Schüssel geschüttet, um die sich alle knieten. Einer hielt die Schüssel zwischen seinen Füßen fest, damit sie nicht kippte. Nun löffelten alle die „dicke Milch", aßen dazu trockenes Brot oder eventuell Butterbrot. Gegen den Durst ließ man einen Mostkrug reihum gehen.

Mittag gegessen wurde zum „Elfeläuten", also um elf Uhr, tatsächlich meistens zwischen elf und zwölf Uhr. Was zu Mittag gekocht wurde, variierte von Landstrich zu Landstrich und hing auch vom Wohlstand des Hauses ab. Beim einen gab es beinah täglich Knödel und gekochtes oder geselchtes Fleisch, beim anderen kam nur selten Fleisch auf den Tisch. Was aber stets gleich blieb, war die Essgewohnheit im Haus. Man aß praktisch Tag für Tag das Gleiche, immer dasselbe Frühstück und Nachtmahl, wenige Varianten des Mittagessens und hatte nur saisonal bedingte Unterschiede in der Jause. Eine gute Köchin war nicht jene, die immer Neues ausprobierte und jeden Tag etwas anderes kochte, sondern eine, die dieselben Gerichte in immer gleichbleibender Qualität und Menge auftischte.

Die eigene Sau war die Grundlage der Versorgung mit Fleisch und Fett.

Der Ruf eines Hauses bei den Dienstboten hing in starkem Ausmaß von der „Kost" ab. Diese sollte reichlich und fett sein und aus bekannten Gerichten bestehen. Wichtig war, dass man Speisen vorgesetzt bekam, die nachhaltig satt machten.

„Montag Knödeltag, Dienstag Nudeltag, Mittwoch Strudeltag, Donnerstag Fleischtag, Freitag Fasttag" – der Text dieses alten Liedes enthält viel Wahrheit über die Essgewohnheiten. Gewohntes und Gleichbleibendes wurde hoch geschätzt. Wenn es am Teller keine Überraschungen gab, dann war es gut. „Was der Bauer nicht kennt, isst er nicht" hieß auch: Das beste Essen war das Essen, das der Bauer von klein auf gut kannte.

Die Nachmittagsjause war meistens zwischen 15 und 16 Uhr. Oft wurden vom Mittagessen übrig gebliebene Speisen verzehrt. In vielen Häusern bekam jeder zu Mittag ein großes Stück Fleisch, das noch für den Nachmittag ausreichen sollte. Damit jeder sein „Stückl" wiedererkannte, wurde es mit Holzstückchen gekennzeichnet. Auch Topfen, Butter und Brot waren eine typische Jausenmahlzeit.

Die Abendmahlzeit, die um etwa 19 Uhr eingenommen wurde, war stets sehr einfach. Meistens gab es eine Suppe oder andere bekömmliche Kost, wie Grießkoch oder auch Sauerkraut mit gekochten Erdäpfeln.

In manchen Häusern gab es die Milchsuppe mit Brotbrocken als Morgenmahlzeit und auch als Abendessen. Im Innviertel wurde die saure Suppe am Morgen und gleich darauf zur Jause noch einmal gegessen: „In der Früh haben wir eine saure Suppe mit Brotbrocken gekriegt und auf'd Neune wieder, dann mit Erdäpfeln." Immer nur Suppe? „Ja, das macht nix. Ist ja gut gewesen!" Die saure Suppe wurde, je nach Region verschieden, mit Wasser oder Milch und Sauerrahm oder mit saurer Milch zubereitet und mit Salz und Kümmel gewürzt. Diese einfache und gesunde Speise wurde häufig zum Frühstück und auch zum Abendessen eingenommen, man nannte dies „Suppe essen".

Die Tradition, Suppe als einen Hauptbestandteil der Mahlzeit zu betrachten, hielt sich bis in die Mitte des 20. Jahrhunderts. Erst dann, beeinflusst von städtischen Essgewohnheiten, setzte sich die Suppe als Vorspeise vor dem Hauptgericht durch.

„Suppe essen" beansprucht vergleichsweise viel Zeit. Ich erinnere mich noch an meine Urgroßmutter, eine Volksdeutsche aus der serbischen Batschka, wie sie morgens und abends Brot in kleinen Stücken in einen riesigen Suppenteller voll Milch brockte und diesen dann langsam auslöffelte. In Asien gehören Suppen heute noch zu jeder Mahlzeit, auch zum Frühstück. Die Japaner etwa starten mit einer Misosuppe in den Tag. Wer eine Suppe isst, der schlingt sein Essen nicht hastig hinunter und nimmt zudem eine warme und bekömmliche Mahlzeit zu sich. Das Frühstück unserer „Alten", eine gute „saure Suppn" mit ein paar „Schnitz" dunklem Brot, ist eines jener einfachen und gesunden Speisen, die es verdienen, eine Renaissance auf unserem Speisezettel zu erleben.

Die Mahlzeiten wurden etwa im Drei-Stunden-Abstand eingenommen, wobei die letzte Speise vor dem Schlafengehen immer leicht und bekömmlich war. Das Essen wurde gemeinsam am großen Tisch verzehrt, wo jeder seinen angestammten Platz beanspruchte.

Vor dem Essen wurde gebetet. Man war gerade von der Arbeit ins Haus gekommen und hielt noch kurz inne. Man saß oder stand um den Tisch und sprach gemeinsam das Tischgebet. Oft wurde es „geleiert", manchmal konnte man den Singsang kaum mehr verstehen. Dennoch wäre es falsch, zu denken, dass diese Haltung respektlos war. Der Englische Gruß, das Vaterunser, „Ehre Gott, den Vater" oder Ähnliches wurde gebetet und von den meisten wohl auch so gemeint. Dieses gemeinsame Gebet bedeutete Sammlung und Besinnung und löste die Gedanken von der Arbeit des Vormittags. Man wendete sich von den Pflichten ab und konzentrierte sich auf die kommende Mahlzeit und die wohlverdiente Ruhepause.

Sowohl mit dem Beten als auch mit dem Essen fing immer der Bauer oder der höchstrangige Knecht an. Gegessen wurde gemeinsam aus einer großen Schüssel; ausgenommen waren Lebensmittel, die man schneiden musste.

Das Essen selbst wurde in Ruhe und Stille eingenommen, ohne zu reden. Tischgespräche waren nicht der Brauch und hätten den Einzelnen wohl auch daran gehindert, zu seinem Teil zu kommen. Man saß bei Tisch, die Unterarme auf den Tisch gelegt, einen Ellbogen aufgestützt und mit dem Oberkörper ein wenig nach vorn gebeugt. Jeder nahm aus der gemeinsamen Schüssel und musste dabei darauf achten, nicht im Essen herumzurühren, sondern nur von der ihm nächsten Stelle aus der Schüssel zu nehmen. Bürgerliche Tischsitten waren unbekannt, dennoch galt die Regel, nicht hastig zu schlingen. Es hieß: „Wer zum Essen koa Zeit hat, der ist ein fauler Mensch!"

Das Gesündeste an der alten Bauernkost war wohl der Mangel an Zucker. Dies ist der Grund, warum nicht wenige Menschen im hohen Alter noch alle Zähne hatten, obwohl Zahnpflege unbekannt war. Gesüßt wurde, wenn überhaupt, mit Honig oder mit gedörrten Früchten.

Übereinstimmend wurde mir berichtet, dass frisches Obst als Delikatesse betrachtet wurde. Da der Gaumen nicht an Süßes gewöhnt war, waren süße Früchte ein besonderer Leckerbissen. Eine Frau, 1932 geboren, weiß noch, dass sie im Herbst auf dem Schulweg immer darauf gewartet hat, einen herabgefallenen Apfel oder gar eine Birne zu erwischen. Da ihre gewöhnliche Schuljause nur aus einem Stück trockenem Brot bestand, war frisches Obst eine willkommene Aufbesserung.

Milchspeisen wurden in der Regel nicht gesüßt. Koche, Breie und Sterz schmeckten auch so gut. Nur zu besonderen Anlässen, etwa am Sonntag, wurden sie mit ein paar gedörrten Zwetschken aufgebessert. Zucker wurde praktisch nie verwendet. Wenn ich danach fragte, bekam ich zur Antwort: „Zucker waren wir nicht gewöhnt", „Zucker haben wir nicht gekannt", „Früher hat es fast keinen Zucker gegeben".

Eine Ramsauer Bäuerin erzählt von den einfachen Genüssen, etwa den Äpfeln, die sie als Kinder in der Dörrstube gebraten haben. Fast entschuldigend fügt sie hinzu: „Damals war ja noch alles gut!" Lebensmittel wie Äpfel

Alle drei bis vier Wochen wurde Brot gebacken.

oder Nüsse waren gesuchte Leckerbissen, die heute für sich alleine wohl kaum mehr einen Genuss darstellen. Eine Nascherei, eine Leckerei, das waren gedörrte Früchte, Nüsse, Obst, Honig, sehr selten ein Zuckerwürfel oder ein Krapfen. Solche Köstlichkeiten gab es nur zu besonderen Anlässen, etwa beim „Glöckln", bei dem man in der Dreikönigsnacht von Haus zu Haus zog: „Beim Glöckln hat es Äpfel, Nüsse und Kletzen gegeben."

Typisch für die alte einfache Kost war auch, dass Kraut fast täglich auf den Tisch kam. Es wurde als Vor- oder Hauptspeise, als Zuspeise oder auch als Salat gegessen – als Sauerkraut, Grubenkraut oder frisches Kraut, roh oder gedünstet. Man aß es mit Knödeln, Fleisch oder „ohne alles". Gedünstetes Sauerkraut mit warmen Erdäpfeln war sowohl eine Vorspeise als auch ein vollwertiges Nachtmahl. In vielen Gegenden aß man vor dem Essen immer „ein paar Maulvoll" rohes Sauerkraut, eine der gesündesten Vorspeisen überhaupt. So viel Kraut – hatte man nicht irgendwann genug davon? Eine Mühlviertlerin, die in ihrer Jugend jeden Tag zwei Mal eine Krautspeise zu sich genommen hatte, erklärt: „Im Vergleich zu anderen Speisen isst man sich vom Kraut nicht so schnell ab. Beim Kraut ist es wie beim Brot, das wird dir auch nicht zu viel. Das kannst du jeden Tag essen."

Einen großen Stellenwert in der Ernährung hatte das Fett. Wenn eine Sau nicht genug Speck hatte, war das eine Blamage für die Bäuerin. Die „Fettn" wurde zum Kochen gebraucht, als Brotaufstrich, aber auch zum Einlegen für das Kübelfleisch. Die Kost musste fett sein, das war ein Qualitätsmerkmal. Gerichte wie das steirische „Schmalzkoch" tragen das Fettige schon im Namen. Es handelte sich dabei um einen Grießschmarren, bei dem „die Butter schön drübergestanden ist". Dieses Gericht wurde nur zu besonderen Anlässen serviert, etwa nach der harten Arbeit beim Flachsbrechen.

Fleisch hingegen wurde eher selten gegessen. Einen frischen Braten gab es nur zu den Schlachtzeiten, zu Ostern und zu Weihnachten. Unter dem Jahr wurde Fleisch sparsam verwendet, etwa nur in Form von Fleischknödeln. Geselchtes wurde auch oft klein geschnitten und über das Sauerkraut verteilt, dann war es gemeinsam mit Knödeln eine Hauptspeise.

An den Fasttagen, mittwochs und freitags, wurde ohne Fleisch gekocht. Besonders der Freitag war ein absolut streng einzuhaltender fleischloser Tag: „Am Freitag hättest du dich nicht getraut, auch nur ein Bröckerl Fleisch zu essen. Da hättest du sofort ein schlechtes Gewissen gehabt!" Als besonders verwerflich wurde es angesehen, wenn man am Karfreitag, dem strengsten Fasttag

Eine typische oberösterreichische Jause: Most und Brot.

des Jahres, Fleisch verzehrte. In manchen Häusern wurden an diesem Tag die Fastenspeisen nicht einmal in jener „Rein" zubereitet, in der sonst mit Schweineschmalz gekocht wurde.

Ein Kärntner Bauer erinnert sich an seinen ungeliebten Großvater, einen gegen andere hartherzigen Mann, der sich selbst aber immer „das Bessere beim Essen" gegönnt hat: „Den haben sie sogar einmal am Karfreitag beim Wurstessen erwischt! Er ist am Weg gegangen, da ist ihm jemand entgegengekommen und der hat gesehen, dass er gejausnet hat, wie es früher üblich war. In einer Hand hat er Wurst und Brot gehalten und in der anderen das Messer. Er hat versucht, die Wurst unter dem Brot zu verstecken, weil es ja Karfreitag war."

Was auf den Tisch kam, war abhängig von der Jahreszeit. Im Winter gab es Sauerkraut und Rüben, Erdäpfel, Bohnen, eingelagerte Äpfel und, nicht zu vergessen, die eingekochten Preiselbeeren. Nach der Winterzeit, in der man sich ausschließlich von den Vorräten ernährt hatte, war die Vorfreude auf frisches Grün groß. Im Frühling trieben als Erstes die eingewinterten Rüben aus. Im Februar und März konnte man diese jungen Blätter abschneiden und sie wie

Salat verwenden. Kaum war der Schnee aber geschmolzen, dauerte es nicht mehr lange, bis an den Bächen die Brunnenkresse wucherte. Das war der erste wirklich frische Salat nach vielen Monaten!

Auch auf die saftige, zarte Ackerbohne oder Saubohne wartete man schon mit Vorfreude: „Gemeinsam mit den ersten jungen Erdäpfeln gab es die Saubohnen. Die Saubohnen waren für uns eine Spezialität! Man hat die jungen Schoten heiß auf den Tisch gegeben und die haben wir dann ausgelöst. Das war eine Delikatesse!"

Frisches Obst gab es ausschließlich zur Reifezeit, dann aber in rauen Mengen: im Sommer Kirschen, dann Zwetschken, im Herbst Äpfel und Birnen. Im Wald wurden Schwarzbeeren gepflückt, großteils, um sie zu verkaufen, aber auch, um Strudel und Marmelade daraus zu machen. Mit dem Buckelkorb wurden die Kinder in die Wälder geschickt, um Schwarzbeeren, roten und schwarzen Holunder, Himbeeren und Preiselbeeren zu pflücken.

Brot, Erdäpfel, Kraut und Milchprodukte waren die Hauptnahrungsmittel, denn man ernährte sich ausschließlich von dem, was der Hof hergab. Man verwendete im Vergleich zu heute nur wenige Gewürze, wenige Gemüsesorten und wenige altbewährte Rezepte. Die bäuerliche Küche hielt sich an den immer gleichen Wochen- und Jahresrhythmus. Montags gab es in manchen Häusern immer Knödel, Kirschstrudel hingegen nur ein paar Wochen im Jahr. Und der Tag endete in vielen Bauernhäusern kulinarisch so, wie er am Morgen begonnen hatte: mit dem gemeinsamen „Suppenessen".

Ein Schwein wird geschlachtet

OGSTOCHN IS!

Wer Ja zum Schnitzel sagt, der muss auch sein Ja zum Schlachten des Tieres geben. Sich dieser Tatsache bewusst zu sein, ist die eine Sache, das Tier aber selbst aufzuziehen und es dann zur Schlachtung zu führen, beim Schlachten zu helfen und das Tier auch noch fachgerecht zu zerlegen, eine andere. Was geht in einem Menschen vor, der beispielsweise ein Schwein, das er als Ferkel gehegt hatte und das er später mit Hingabe fütterte und mästete, schlachtet und zu Würsten, Speck und Grammeln verarbeitet?

Eine schöne „fette Sau", der Stolz jeder Bäuerin.

Maria Zach, eine tüchtige Altbäuerin aus der Südsteiermark, hat eine große Liebe zu Tieren und lernte trotzdem schon sehr früh „Hendln abstechn" und „die Sau" zu zerlegen. Gleichzeitig kümmerte sie sich liebevoll um ihre Tiere: „Einen Ochsen habe ich einmal so richtig verwöhnt! Er war ein richtiges Trumm, fast 900 Kilo schwer! Der hat sich alles von mir gefallen lassen, auf den habe ich mich sogar drauflegen dürfen. Ich habe ihn beim Namen genannt, Maxl, und dann hat er mich abgeleckt. So weit ist es gekommen, dass ihn nicht einmal mehr die Mami aus dem Stall herausbracht hat. Bis zur Stalltür ist er mit ihr mitgegangen, dann hat er einen Hupfer gemacht und ist stehen geblieben. Nur von mir hat er sich führen lassen. Wenn ihn einer mit der Peitsche geschnalzt oder gedroschen hat, dann hat er diesen Menschen nicht mehr mögen. Aber wenn ich ihn getätschelt habe und zu ihm gesagt habe: ‚Maxl, leg dich nieder!', dann hat er sich wirklich niedergelegt. Das hat gar niemand glauben können, aber so war es."

Im gleichen Atemzug erzählt die Bäuerin, dass sie sich schon als junges Mädchen sehr für das Schlachten und Zerteilen der Tiere interessiert hatte. Sie hatte sehr früh gelernt, ganz allein eine Sau zu zerlegen. Das Wissen dafür hat sie sich selbst angeeignet, durch Zuschauen und Fragen, allein aus Interesse.

Ein Schwein fachgerecht zu zerlegen, erforderte viel Wissen und Geschicklichkeit. Bis es allerdings so weit war, musste die Sau auf mehrere Hundert Kilogramm Gewicht gemästet werden. Das Ziel war eine mehrere Finger breite Speckschicht, eine schöne „fette Sau", der Stolz jeder Bäuerin. Schon in den Sommermonaten wurde alles getan, damit „die Sau so richtig fett is worn". Man mähte extra feines Futter, das Saugras und Klee, und holte die „Plotschen", die Blätter, von den Rüben. In den Monaten vor dem Schlachttag, also im Herbst, wurde die Sau regelrecht verwöhnt. Nur das beste Futter war gut genug: gedämpfte Erdäpfel, Rüben, Gerstenschrot, Türkenmehl, Hafermehl, Weizenkleie, auch Roggen. Das Saufutter wurde in einem großen Kessel täglich frisch gekocht und an die Mastsau verfüttert, in der Hoffnung, dass die „Speckseiten" dadurch wieder ein bisschen breiter würden. Der Speck einer solchen natürlichen Mästung soll bedeutend besser geschmeckt haben als der Speck, den man heute im Supermarkt kaufen kann: „Die Sau hat langsam wachsen dürfen, deshalb war der Speck ja besonders gut und sehr zart. Wenn du den in den Mund genommen hast, ist er zergangen."

Gewöhnlich wurde nur ein-, zweimal im Jahr geschlachtet: zu Weihnachten und zu Ostern. Der Schlachttag wurde herbeigesehnt, er war ein Festtag! Nun gab es frisches Fleisch, nicht immer nur Geselchtes und in Schmalz Eingelegtes. Nun gab es all die Köstlichkeiten zu essen, die man sonst entbehren musste: Endlich kam ein Schweinsbraten auf den Tisch, es gab Beuschel, Leberknödel, „saure Nierndln" und andere Innereien, frische Würste, heiße Grammeln, Blunzen und „Bluttommerl". Jede Region hatte ihre eigenen Spezialitäten, aber eines war überall gleich: Vor der Einführung der Tiefkühltruhe war der Schlachttag ein Fest der Gaumenfreude.

Das Schlachten selbst aber war nichts für sensible Gemüter. Zunächst musste die Sau an einem Strick aus dem Stall gezogen werden. Das Schwein ahnte dabei nichts Gutes und schrie aus Leibeskräften. Eine heute über 90-jährige Frau erzählte, dass sie als kleines Mädchen auf einem Bauernhof zu Gast war und dort die Sau schreien hörte, die zur Schlachtung geführt wurde: „Die Sau hat geschrien wie net gscheit! Da hab ich das Kaffeehäferl genommen und fest hineingebissen, weil ich so gezittert habe vor Angst. Dabei sind mir gleich zwei Milchzähne ausgefallen, so fest war das!" Diese Frau war nicht auf einem Bauernhof groß geworden, für sie war das Schlachterlebnis ein Schock. Bauernkinder waren oft weniger empfindsam, viele von ihnen hatten sogar schon selbst Tiere getötet, um sie zu essen, etwa Forellen beim Angeln oder Hühner für den Sonntagsbraten: „Pipperl abstechen für zu Mittag, das war die Aufgabe von uns Buben, da werde ich so zehn Jahre alt gewesen sein. So ein Hendl musst du zuerst einmal im Hühnerstall drinnen abfangen, dann mit einem Prügel betäuben, abstechen und ausbluten lassen. Nebenher musst du schon heißes Wasser richten, denn die Hendln lassen sich viel leichter rupfen, wenn man sie ins heiße Wasser eintaucht. Dann aufschneiden, heraus mit den Därmen und hinein in die Rein!" Jedem Kind auf dem Hof war von klein auf klar, dass Fleisch nur dann auf den Tisch kommen konnte, wenn jemand vorher das Tier zu diesem Zweck getötet hatte.

Doch zurück zur Sau. Zunächst galt es einmal, sie aus ihrem Stall herauszubringen. „Das richtige Anbinden der Sau ist wichtig. Den Strick zieht man bei einem Fuß unter dem Bauch durch, dass die Sau, wenn man angezogen hat, nur mehr auf drei Beinen steht. Jetzt kann sie nicht so leicht weglaufen. Draußen hat man dann auf einen Ruck angezogen und die Sau ist dagelegen." Das „Schmeißen" der Sau war eine heikle Angelegenheit. Das mehrere Hundert Kilogramm schwere Tier wehrte sich und biss auch zu. Selten kam es auch vor, dass dabei sogar Finger abgebissen wurden. Dennoch war das „Schmeißen" der Sau für die Männer auch eine Art Beweis ihrer Stärke und Geschicklichkeit. „Wir Buam haben an der Katze probiert, wie man eine Sau schmeißen muss: Füß umgerissen und umgeschmissen. Weil eine Sau wehrt sich und hat 250 Kilo! Aber mein Vater hat es mit uns Buam geschafft. Da war ich erst 15 und mein Bruder noch jünger."

Das Schlachten, also das Zustechen, musste dann so schnell gehen, dass die Sau es „gar nicht merkte". Sie wurde eventuell notdürftig mit einem Schlegel betäubt und „ogstochn". „Einer hat in den Hals gestochen. Wenn er es gut können hat, dann hat ein Stich gereicht, sonst haben sie es wohl zwei, drei Mal probiert." Diese Art, ein Tier zu schlachten, hat wohl niemand als schön empfunden. Ein gestandener Altbauer aus dem Mühlviertel gibt das auch ohne Umschweife zu: „Geschrien hat die Sau immer. Mei, das war schiach!" Da dieses Schreien niemand hören wollte, band man dem Tier manchmal einen alten Fetzen um den Rüssel.

Es musste tief zugestochen werden, damit die Sau „gut blutete". Es sollte möglichst wenig Blut im Körper verbleiben, deshalb begrüßte man es auch, wenn das Schwein noch fest um sich schlug. „Wenn Blut im Körper bleibt, dann sind später dort die Maden drinnen." Während dieser Prozedur knieten zwei oder drei Männer auf der Sau, um sie festzuhalten. Gelang ihnen das nicht, riss sich das Schwein los und konnte, vor allem auf den Bergbauernhöfen, nur mehr mit viel Glück wieder eingefangen werden. Auf den steilen Hängen „ist sie owi und war dahin".

Während die Sau ausblutete, fing man das Blut in einer Schüssel auf und rührte es dabei ständig, damit es nicht stockte. Das war meist Kinderarbeit, denn Kraft war dazu nicht erforderlich, dafür Geduld und Ausdauer. Das Gefäß mit dem Blut musste im kalten Brunnenwasser so lange gerührt werden, bis das Blut vollständig erkaltet war. Aus diesem Blut wurden später Blutwurst oder Gerichte wie „Bluttommerl" hergestellt.

Die Prozedur des Schlachtens und Ausblutens mag uns grausam und absto-ßend erscheinen. Die Beteiligten hatten einen gänzlich anderen Zugang: Die Sau musste getötet werden, das war halt so, dafür gab es dann ein gutes Essen. Die Schilderung einer Bäuerin aus dem Murtal zeigt dies sehr schön: „Die Sau hat schön geschrien, die wird gemerkt haben, dass sie jetzt dran ist. Dann haben wir sie verkehrt auf den Holzschlitten geschmissen und bei den vier Haxen fest-gehalten. Dann ist sie gestochen worden, nachand hat sie geblutet. Wenn er sie schön gestochen hat, ist sie bald einmal tot gewesen, sonst hat es halt län-ger gedauert. Das Blut haben wir aufgefangen und im kalten Wasser gerührt. Zu Mittag am Schlachttag haben wir dann das Blut mit Reis und Gewürzen gekocht. Das war gut!"

Hatte die Sau schöne lange Borsten, dann wurden ihr jetzt die schönsten davon ausgerissen. Sie sollten später dem Schuster, der als Störhandwerker auf den Hof kam und für die ganze Familie Schuhe herstellte, als Nadeln dienen.

Nun kam die Sau in den „Haartrog". Das Tier wurde mit Pech eingerieben und mit sehr heißem Wasser übergossen. Dazu verwendete man entweder reines Baumpech oder Kolophonium. „Die Sau ist damit einbalsamiert worden, bis sie schön pickig war." Jetzt wurde eine Kette so lange auf der Haut hin- und herge-zogen, bis die Sau „sauber" war. „Mit der Kette ist geraspelt worden, da sind die Haar nur glei so außi gangen!"

Anschließend kam die Sau auf den „Schragen", einen Holzbock. Nun konn-ten noch die letzten Borsten mit brennendem Stroh abgesengt werden, ehe auch der Hofhund auf seine Kosten kam. Er bekam die Augen und die Ohren. Kopf und Haxen wurden abgeschnitten und die Sau wurde der Länge nach zerteilt. Der Darm und die Innereien wurden entnommen und unverzüglich zur Bäu-

Ein- bis zwei Mal im Jahr wurde ein Schwein geschlachtet.

erin gebracht. Die Säuberung des Darms, um später daraus Würste machen zu können, war Frauenarbeit. Gleichzeitig wurden Leber, Nieren und andere Innereien in der Küche schon heiß ersehnt. Sofort wurden „gröste Leber" oder „saure Nierndln" zubereitet und als erste Jause schon am Vormittag verzehrt. „Auch vom Hals ist gschwind ein Stück heruntergeschnitten worden. Das ist schnell in den Häfen gegangen, damit es bis zu Mittag fertig ist. Das wurde einfach nur gekocht, Salz und Pfeffer dazu und vielleicht ein Sauerkraut. Darauf haben sich alle schon sehr gefreut, denn das war das erste Stück Fleisch seit Langem." Ein wichtiger Aspekt dieses Schlachtfestes war, dass die meisten Familien im Normalfall sehr wenig oder gar kein Fleisch auf den Tisch bekamen. Der Überfluss dieser Tage um Weihnachten und um Ostern stand im Gegensatz zum eher kargen und bescheidenen Speiseplan im Alltag.

Verarbeitet wurde das ganze Schwein. Weggeworfen wurde praktisch gar nichts. Die Haxen und die Knochen verkochte man für die Suppe, der Schädel wurde zu Presskopf oder zu Sulz verarbeitet oder gekocht mit Kren verzehrt. Der Magen wurde geputzt, mit Schwarten und Kopffleisch gefüllt und zu Presssack verarbeitet. Das Hirn war eine gesuchte Delikatesse und wurde mit Ei zubereitet, Lunge und Herz wurden zu Beuschel verarbeitet. Das Fett zerließ man zu Schmalz und bewahrte es in Kübeln im kühlen Keller als kostbaren Vorrat auf. Die dabei entstandenen Grammeln wurden noch warm mit einem Stück schwarzem Brot und ein wenig Salz als Jause gegessen. Das Darmfett wurde den Tieren verfüttert, das innen liegende Bauchfett, das „Schmer", zu Salben weiterverarbeitet. Von der Sauhaut wurde noch das letzte Fett abgekratzt und daraufhin die Haut zum Gerber gebracht. Irgendwann im Lauf des Winters ist dann der Störschuster ins Haus gekommen und hat aus dem Sauleder neue Schuhe für alle Hausgenossen hergestellt.

Selbst die Harnblase des Schweines, die „Saublodern", fand noch Verwendung. Sie wurde sorgfältig gereinigt, gewaschen und getrocknet. Dann wurde sie mit Federweiß oder auch mit Weizenkleie so lang abgerieben, bis die durchs Trocknen hart gewordene Blase wieder weich und geschmeidig war. Nun war sie sehr widerstandsfähig und konnte etwa als Ball für die Kinder, eine Art Luftballon, verwendet werden. Gerne hat man aus der „Saublodern" auch Tabakbeutel hergestellt, die fein genäht und bestickt am Gürtel der Männer getragen wurden.

Heute verlassen die Innereien viele Schlachthöfe aus hygienischen Gründen gar nicht mehr. Würste werden nur mehr selten in Därme gefüllt und viele Teile des Schweines sind für den Markt einfach nicht mehr attraktiv. Haxen, die meisten Innereien, Schwarten, der Kopf, Fett und Knochen sind heute Schlachtabfälle und werden im besten Fall zu Hunde- und Katzenfutter verarbeitet. Viele Teile vom Tier werden wie Müll behandelt, verkauft werden nur die edlen und gefragten Stücke, der „eklige" Rest ist Abfall. Ein Rind besteht etwa aus 30 essbaren Teilen, aber nur die wenigsten landen in den Kochtöpfen. Nicht viel anders sieht es beim Schwein aus. Vieles, was jahrhundertelang gegessen wurde, stellt heute ein Nahrungstabu dar. Nur mehr wenige Menschen essen gerne Innereien. Kutteln? Grauslich! Herz? Pfui! Gar nicht erst zu reden vom Kopf und den Haxen. Für viele ist es genauso undenkbar, Nieren und Lunge zu essen wie etwa Insekten oder Würmer.

Die Menschen und ihre Essgewohnheiten haben sich verändert. Wir sollten uns deshalb die Frage stellen, ob es ethisch vertretbar ist, ein Tier zu schlachten, um dann einen großen Teil davon wegzuwerfen oder anderen Tieren zu verfüttern. Wenn das Tier schon sterben muss, sollte man dann nicht möglichst alle Teile verwenden und verwerten? Vielleicht liegt es auch nur daran, dass

wir nicht mehr wissen, wie man „saure Nierndl", eine „gröste Leber", ein Beuschel, gebackenes Bries oder eine gute Kuttelflecksuppe zubereitet. Wenn wir
ein Stück häuslicher Küchenkultur und Kochkunst wiedergewinnen könnten,
würden wir vielleicht dabei erfahren, dass jedes Fleischstück eine Delikatesse
sein kann, wenn man es nur richtig und gut zubereitet.

Die Vorratswirtschaft

VON KRAUTGRUBEN UND TROADKÄSTEN

Eine gute Vorratswirtschaft war die Voraussetzung, um täglich Essen auf den
Tisch bringen zu können. Nur wer vorgesorgt und genug eingelagert hatte,
der kam gut übers Jahr. In Zeiten ohne Kühlschrank und Kühltruhe und ohne
jederzeit verfügbare Lebensmittel aus dem Supermarkt war umfassendes Wissen
darüber notwendig, wie man Nahrung vor dem Verderben, Verschimmeln und
Vertrocknen bewahrt.

Die Alten kannten verschiedene wunderbare und einfallsreiche Möglichkeiten, um Lebensmittel zu konservieren. Sie selchten, räucherten, trockneten, ver-
gruben in der Erde, kochten ein und legten ein. Im Herbst, so sagte man in der
südlichen Steiermark, darf die Bäuerin nicht mehr aus dem Haus, denn sie hat
drinnen genug zu tun, um alles „einzuwintern".

Jedes Haus hatte einen Erdkeller, in dem in der Erde Wurzel- und Knollenge-
müse „eingeschlagen" wurde. Auch die Erdmiete, eine sehr alte Form der Lager-
haltung, war eine gute Möglichkeit, Gemüse wie Kartoffeln, Rettich, Möhren
oder Sellerie frostsicher einzulagern. Dafür wurde im Garten eine ausreichend
große und tiefe Grube gegraben. Nun kam auf den Boden eine isolierende
Schicht, zum Beispiel Reisig, darauf das zu lagernde Gemüse. Das Ganze wurde
erneut gut mit Reisig bedeckt und schließlich mit Erde zugeschüttet.

Eine besondere Form der Erdmiete war die Krautgrube, in der ganze Krautköpfe aufbewahrt werden konnten. Kraut war „das" Wintergemüse und ein
Hauptbestandteil der täglichen Ernährung. Grubenkraut wurde wie Sauerkraut
milchsauer vergoren, aber ohne Zugabe von Salz hergestellt und im Ganzen als
Krautkopf konserviert. Das Grubenkaut ist heute fast gänzlich verschwunden,
da es in der Herstellung arbeitsintensiver ist als das Sauerkraut. Die „Kraut-
happel" wurden noch am Feld in riesigen Kesseln vorgedünstet, im Freien

gebleicht und danach in die Krautgrube geschlichtet und gut abgedeckt. Die Krautgruben waren bis zu vier Meter tief und mit Holz oder Stein ausgekleidet. Nach einer Reifezeit von mindestens vier Monaten war das sehr schmackhafte „Geppelkraut" fertig zum Verzehr. An frostfreien Tagen öffnete man die Krautgrube und entnahm die Köpfe. Der Geschmack war im Vergleich zum Sauerkraut milder und die Konsistenz mürber. Grubenkraut war zudem über viele Jahre haltbar.

Einen großen Stellenwert in der Ernährung hatten die Rüben, vor allem die „Burgunder", eine Futterrübe, und die „Duschn", die weiße Rübe. Die weiße Rübe ist eine alte Kulturpflanze, die vor der Einführung der Kartoffel eine große Rolle spielte. Gekocht und „abgeschmalzen" kam sie bei den alten Bauern gerne und oft auf den Tisch. Da Rüben in großen Mengen angebaut wurden, lagerte man sie in einem eigenen Rübenkeller.

Eine heute schon fast vergessene Methode, um geräuchertes Fleisch und auch Eier frisch zu halten, ist, sie in Getreide einzulegen. Dabei werden das Geselchte oder die Eier Schicht für Schicht mit den Weizen- oder Roggenkörnern in einer Holztruhe eingelegt. Eine steirische Bäuerin preist die Vorzüge dieser Technik: „Das Fleisch war auf diese Art gut gegen die Fliegen geschützt, das war das Wichtigste. Außerdem ist es nicht ausgetrocknet, da es nicht direkt an der Luft war. Wir haben nach Bedarf immer ein Stück herausgenommen und es für das Mittagessen gekocht."

Ebenso gut konnten Fleisch und Würste in Fett eingelegt werden. Dabei wurde das geselchte und überbrühte Fleisch Schicht für Schicht in einem Kübel mit Schweinefett übergossen. Wichtig war, dass das Fleisch rundum mit Fett bedeckt war und sich die einzelnen Stücke nicht berührten.

Das Räuchern des Fleisches passierte in alten Zeiten entweder gleich in der „Rauchkuchl" oder im Kamin. Eine Hallstätterin erinnert sich daran: „Wir haben das Fleisch so lange wie möglich in der Sur gelassen. Im März, wenn die Sonne gekommen ist, dann haben wir erst geselcht. Der Rauchfangkehrer hat in den Kamin hinaufsteigen müssen und dort oben ist dann das Fleisch hineingehängt worden. Wir haben in der Kuchl und in der Stube fest heizen müssen, dass es immer warm hinaufgegangen ist, aber nur ein kleines Feuer, damit das Selchen nicht zu schnell geht."

Ideale Vorratsräume waren die alten Getreidekästen. Diese schmalen, hölzernen, mehrstöckigen „Troadkästen" waren in erster Linie dazu erbaut, um darin Getreide aufzubewahren. Aber aufgrund der ausgezeichneten Belüftung und der

Kraut „abhappen" am Feld.

„Mauswehr", einer speziellen Holzkonstruktion an der Außenseite, wurden hier auch Hülsenfrüchte, gedörrtes Obst, geselchtes Fleisch, Schmalz und Brot gelagert.

Brot gebacken wurde immer auf Vorrat, alle drei bis vier Wochen. Danach wurde das Brot luftig auf „Brotleitern" gelagert. Dass das Brot dabei austrocknete, war erwünscht. Frisch gebackenes Brot kam in vielen Häusern nie auf den Tisch, denn es wurde zu schnell verzehrt. An altbackenem Brot kaute man länger. War das Brot hart geworden, konnte man es immer noch zu Brocken aufschneiden und in die Suppe geben.

Die „Haarstube", die alte „Badstube", wurde verwendet, um Obst, meist Birnen und Zwetschken, zu dörren. Einst hatte man diese immer abseits des Wohnhauses gelegenen Häuschen errichtet, um darin Dampf- oder Schwitzbäder zu nehmen. Als diese saunaartigen Bäder im 18. Jahrhundert als unsittlich verboten wurden, benutzte man die mit einem gemauerten Ofen ausgestatteten „Badstuben" zum Dörren des Flachses beim Brecheln und zum Dörren des Obstes.

Der selbstgemachte Most wurde in Fässern im Hauskeller gelagert

Beerenfrüchte, die frei im Wald gepflückt werden konnten, kochte man zu Kompott und Marmelade ein. Hier waren es vor allem die Preiselbeeren, die im Winter eine willkommene Zuspeise zu jedem Fleischgericht darstellten. Eine Bäuerin sagt: „Die Preiselbeeren waren im Winter unser Salat, weil es ja nichts Grünes gegeben hat."

In Gegenden mit viel Milchwirtschaft konnte das wunderbare Butterschmalz hergestellt werden. Es zeichnet sich durch extrem lange Haltbarkeit aus, ohne ranzig zu werden. Butterschmalz ist ideal zum Braten, da es stark erhitzt werden kann, ohne zu verbrennen. Butterschmalz ist geklärte Butter, bei der im Lauf des Erhitzungsprozesses das Wasser verdunstet und das Eiweiß abgeschöpft wird. In Kübeln im kühlen Keller hielt es sich jahrelang frisch.

Frisches Fleisch in der warmen Jahreszeit zu kühlen, war schwer. Am ehesten eignete sich dafür noch das kühle Wasser in fließenden Bächen oder im Brunnentrog. Aus diesem Grund wurde ausschließlich in der Winterzeit geschlachtet und alles Fleisch sofort durch Selchen oder Einlegen in Fett konserviert. In die Verlegenheit, Fleisch auch im Sommer kühl halten zu müssen, kamen am ehesten Wilderer oder Schafhalter. Schafe wurden nach Bedarf das ganze Jahr über geschlachtet. War das Fleisch aufgebraucht, wurde das nächste Schaf, seltener ein Lamm, geschlachtet.

Eine alte Mühle, wie sie früher an vielen Bächen stand.

Nur wenige Lebensmittel waren das ganze Jahr über verfügbar: Mehl aus dem eigenen Getreide, Kartoffeln und Kraut, dazu noch Milch von den eigenen Kühen. Man gab sich große Mühe, um ausreichend Fett zur Verfügung zu haben. Beim Schlachten hoffte man, genug Schmalz zu gewinnen, um in den restlichen Monaten damit kochen zu können. War dies nicht der Fall, dann gab es „dürre" Wochen oder Monate bis zum nächsten Schlachttag.

„Grünes", also frisches Fleisch, gab es ausschließlich an wenigen Tagen im Winter, dann, wenn geschlachtet wurde. Frisches Obst gab es nur zur Erntezeit. Äpfel wurden kaum eingelagert, da man sie zu Most presste, Zwetschken und Birnen wurden zu Schnaps gebrannt.

Eines sollte nicht vergessen werden: das Saatgut für das nächste Jahr, das Herzstück jeder Vorratswirtschaft. Es wurde besonders sorgfältig gelagert. Nur das beste Saatgut wurde zurückgelegt, hingen doch von ihm Ernte und Ertrag des nächsten Jahres ab.

Müll? Gibt's nicht!

ALLES WIRD VERWERTET

„Ende der Fünfzigerjahre hat es begonnen. Wenn ich im Herbst den für den elterlichen Garten angelieferten Mist verteilte, stieß ich auf immer mehr Relikte der neuen Welt: auf metallene Tablettenpackungen, Kunststoffgegenstände und auf Plastiksackerl. Die Leute hatten jahrhundertelang diverse Überbleibsel auf ihren Dunghaufen geworfen, wo sie problemlos verrotteten. Dass diese Überbleibsel plötzlich eine Art ewiges Leben hatten, war ihren Benützern noch nicht bewusst geworden." Ein steirischer Kulturredakteur, der am Land aufgewachsen war, erinnert sich in einem seiner Artikel an ein Phänomen seiner Kindheit: Innerhalb kürzester Zeit funktionierte die Abfallentsorgung, wie man sie bisher kannte, nicht mehr. Unverrottbare Gegenstände tauchten auf, altbewährte Gebinde wurden nicht mehr verwendet, kurz, die moderne Welt hatte Einzug gehalten.

Holte sich der Großvater sein „Pulver" noch vom Apotheker, abgewogen in kleinen Papiertütchen, ab, bekam der Sohn das Medikament schon gepresst in Tablettenform im Plastikblister. Ließ sich die Großmutter Mehl, Germ und Zucker noch „dekaweis" beim Kaufmann abwiegen und in Papiertüten oder sogar gleich in mitgebrachte Behältnisse verpacken, trug die Tochter ihre Einkäufe abgepackt und im Plastiksackerl nach Hause.

Einer der wichtigsten Gründe, warum es keinen Müll im heutigen Sinn gab, ist simpel: Man verwendete keine synthetischen Materialien. Die Kleidung war aus Leinen oder Wolle statt aus Chemiefaser, statt der Plastikschüssel verwendete man Steingutgefäße und anstelle eines Plastiksackerls einen geflochtenen Korb oder Ähnliches. Ein Besenstiel war aus Holz und die Arbeitsschuhe waren entweder ebenfalls aus Holz, wie die bewährten „Holzbummerln", oder aus natürlichem Gummi, wie das Wort Gummistiefel es schon verrät.

Abfallkübel gab es im alten Bauernhaus nicht. Sie wurden nicht gebraucht, da nichts weggeworfen wurde. Dass beim Essen etwas übrig blieb, war selten genug, und wenn es dennoch einen Essensrest gab, wurde er zur Jause nochmals vorgesetzt.

Kartoffelschalen und ähnliche Küchenabfälle wurden an die Schweine verfüttert. Selbst das Abwaschwasser fand noch seine Verwendung: „Früher hat man kein Geschirrspülmittel verwendet. Deshalb ist das Abwaschwasser der Sau gegeben worden, wir haben es Gruschpl genannt. Da waren ja auch noch

Im Saueimer wird das Schweinefutter in den Stall getragen.

Essensreste und Fett drinnen. Das ganze Abwaschschaffel hat die Mutter in den Stall getragen und in den Futtertrog geschüttet."

Es war undenkbar, dass Kleidung, die noch tragbar war, weggeworfen wurde. Ein solcher Gedanke wurde als völlig abwegig empfunden. In Kärnten wird folgender Spruch überliefert: „Spinnrad spinn, Spinnrad spinn, spinn an goldnen Faden, damit mar a Gwandle kriagn, was man Jahrzehnte lang kann tragen." Der Anspruch, der an Kleidung gestellt wurde, war, dass sie lange haltbar und strapazierfähig war.

Kinderkleidung wurde immer nur für den Ältesten angeschafft. Danach wurde sie Jahr für Jahr weitergegeben bis zum Jüngsten. Selbst mit den Schuhen verfuhr man so. Da „richtige" Lederschuhe etwas Wertvolles waren und Kinderschuhe umso mehr, wurden sie immer von mehreren der Kinder getragen. Drückten die Schuhe, war der Nächste dran. Zur Qualität der Schuhe muss gesagt werden, dass sie alle genäht waren, nicht geklebt, wie es heute üblich ist. Aus diesem Grund waren diese Schuhe viel strapazierfähiger. Das Leder war meist kein feines Rindsleder, sondern robustes und „bockiges" Schweinsleder.

Der Störschuster, der einmal im Jahr kam, fertigte nicht nur neue Schuhe an, sondern „doppelte" die alten so lange, bis sie förmlich auseinanderfielen. Kleidung wurde so lange getragen, bis sie verbraucht, also selbst nach mehrmaligem Flicken und Stopfen nicht mehr zu reparieren war. Selbst danach kam Kleidung nicht zum Abfall, sondern wurde zerschnitten und als „Bodenfetzen", Babywindeln und auch als Damenbinden weiterverwendet.

War ein Gegenstand so beschädigt, dass er beim besten Willen nicht mehr repariert werden konnte, und gab es für ihn auch keine weitere Verwendung, dann kam er auf den Misthaufen oder ins „Loch". Viele Anwesen hatten ein „Abfallloch", in das alles geworfen wurde, was endgültig ruiniert war. War es voll, wurde es einfach zugeschüttet. Solange kein Plastik und andere nicht verrottbare Dinge so entsorgt wurden, war diese Art der Abfallbeseitigung auch für die Umwelt kein Problem.

Manches wurde auch verheizt, alte Kleidung beispielsweise. Da die gesamte Kleidung aus organischen Stoffen wie Leinen und Wolle bestand, wurde beim Verbrennen die Umwelt nicht allzu stark belastet.

Ganze Berufsstände lebten davon, dass Dinge nicht weggeworfen, sondern repariert wurden, etwa die Rastelbinder und Pfannenflicker. Sie waren fahrende Handwerker und zogen von Dorf zu Dorf. Sie gingen in die Häuser, um das zu bindende und zu flickende Geschirr und die schadhaften Töpfe und Pfannen abzuholen. Die Bäuerin hob alle löchrigen Töpfe und alle gesprungenen Schüsseln das ganze Jahr über auf, denn sie wusste, dass einmal im Jahr die Rastelbinder kamen. Niemandem wäre es eingefallen, diese Dinge wegzuwerfen. Das Geschirr wurde „gebunden", das heißt mit Drahtgeflechten repariert, kleine

Statt Plastik ein solider geflochtener Korb!

Löcher wurden mit Blechstücken vernietet. Auch neuwertige Steingutgefäße, Schüsseln, Krüge oder Töpfe wurden mit Draht gebunden, um ihre Haltbarkeit zu erhöhen.

Es gab eine Kultur des Ausbesserns und Reparierens. In den langen Wintermonaten war dies eine Hauptbeschäftigung der Männer. Sie richteten Werkzeug wieder her, das beschädigt worden war, etwa Rechen, denen Zähne ausgebrochen waren. „Wenn es dir passiert ist, dass beim Rechen ein Zahn ausgebrochen ist, das war ein Grund zur Rüge. Da bist du schon geschimpft worden, denn jede Kleinigkeit hat einen Wert gehabt." Dieser Kärntner Bauer stellt allgemeine Überlegungen zur Sorgfalt im Umgang mit Werkzeug an: „Wie heute allgemein mit dem Werkzeug umgegangen wird, das geht mir nicht in den Kopf. Man schmeißt die Sachen umi und lässt sie liegen. Früher hast du alles nach dem Gebrauch jeden Tag unter dem Dach aufhängen müssen, weil es sonst morsch wird. Das hat es nicht gegeben, dass jemand ein Werkzeug im Freien liegen lässt."

Ein schönes Beispiel, wie sorgsam mit den Ressourcen umgegangen wurde, ist folgender Bericht aus Kärnten: Im Frühjahr wurde der Stallmist auf die Äcker geführt und dort verteilt. Da in den Ställen auch Stroh als Einstreu verwendet wurde, das sich in der Folge mit dem Mist vermischte, verteilte sich auch das lange Stroh auf dem Ackerboden. Zusätzlich wurden noch Reisigbündel unter die Zähne der Egge gebunden, um eine feinere Verteilung des Mistes zu gewährleisten. Nun lagen da also Reisigreste und die Strohhalme auf den Feldern. Sie wurden fein säuberlich zusammengerecht und wieder nach Hause gebracht, wo sie sofort Verwendung fanden: als Brennmaterial für das Mittagessen!

Das, was man heute Nachhaltigkeit nennt, war ein wesentlicher Bestandteil der alten bäuerlichen Welt. Für jedes Abfallprodukt fand man irgendwo noch eine Verwendung. Sägespäne wurden als Einstreu im Stall verwendet, genauso wie die „Schab", das Getreidestroh, das beim Dreschen des Getreides zurückblieb. Selbst die Baumrinde, die nach dem Entrinden der Bäume übrig blieb, wurde verwertet. Sie wurde an Gerbereien oder an Papierfabriken verkauft.

Eine Bauernfamilie erzählte mir, dass sie in den Fünfzigerjahren für ihren Zehn-Personen-Haushalt doch so etwas wie einen Abfallkübel gehabt haben: eine Holzkiste, in die alles hineinkam, was endgültig kaputt und somit wegzuwerfen war. Wie oft die Kiste ausgeleert werden musste? Einmal im Jahr.

Zum Nachspielen

(In den Spielanleitungen wurden die Dialektausdrücke zum Teil beibehalten, um die Originalität zu erhalten. Beim Nachspielen wird jeder selbst entscheiden, ob er Hochsprache oder Mundart verwendet.)

„Hafer verkaufen"

Erklärt von den Familien Höfler, Öhler und Indra aus Sarleinsbach im Mühlviertel

„Hafer verkaufen" oder „Howan vakafn" ist eines jener alten Gesellschaftsspiele, die früher an den langen Winterabenden gespielt wurden. Heute sind sie – zu Unrecht – in Vergessenheit geraten und von anderen Freizeitaktivitäten verdrängt worden. Dieses Frage- und Antwortspiel soll so schnell wie möglich gespielt werden, nur dann macht es richtig Spaß. Es verlangt höchste Konzentration und ein gutes Reaktionsvermögen der Spieler. Je mehr Spieler teilnehmen, desto lustiger wird es.

Zunächst werden die Rollen verteilt: Einer ist der „Meister", einer der „Hausknecht", alle anderen Personen sind Gulden. Es gibt „Ein Gulden", „Zwei Gulden", „Drei Gulden" und so weiter, je nach Anzahl der Beteiligten.

Der Hausknecht beginnt die erste Runde mit der Frage: „Was schafft der Moaster?" Der Meister ruft: „Was kost der Howan" Der Hausknecht antwortet zum Beispiel: „Ein Gulden!" Was der Hausknecht sagt, gilt aber nie, darum muss ihn sofort der Meister korrigieren, etwa: „Zwei Gulden!" Jetzt muss „Zwei Gulden" sofort reagieren und fragen: „Was schafft der Moaster?" Der Meister ruft: „Was kost der Howan?" Der Hausknecht nennt eine Zahl, der Meister korrigiert ihn wieder sofort, der „Gulden" muss richtig reagieren und so weiter.

Wer einen Fehler macht, was umso leichter passiert, je schneller das Spiel gespielt wird, bekommt mit Ruß einen schwarzen Punkt auf die Stirn verpasst.

Das Spiel wird so lange gespielt, solange es den Spielern Freude macht. Sieger und Verlierer gibt es nicht, aber bei so manchem Mitspieler wird man vor lauter Ruß die Gesichtsfarbe nicht mehr erkennen!

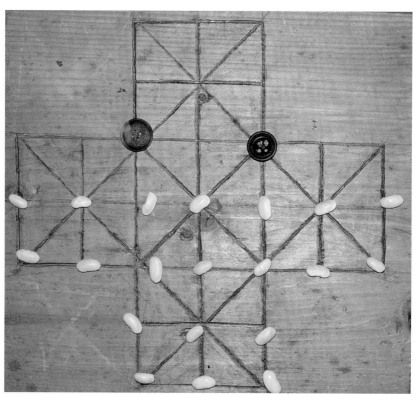

Ein selbst gemachtes „Fuchs und Henn"-Spielbrett.

„Fuchs und Henn"

Erklärt von den Familien Ellmeier, Trippl und Hochörtler aus Stanz im Mürztal

„Fuchs und Henn" ist ein Brettspiel, das früher auf selbst gemachten Spielbrettern mit Bohnen und Knöpfen als Spielfiguren gespielt wurde. Es ist ein Strategiespiel, bei dem zwei Spieler gegeneinander antreten.

Vor Beginn des Spiels muss festgelegt werden, wer den Fuchs und wer die 20 Hennen spielt. Auf dem Spielfeld werden die Hennen und der Fuchs, wie am Bild ersichtlich, platziert. Der Fuchs, der über zwei Spielfiguren verfügt, kann sich in seinem Areal im Prinzip überall postieren, jedoch hat sich die Position, die im Bild gewählt wurde, als die erfolgreichste erwiesen.

In diesem Spiel geht es darum, dass der Fuchs die Hennen fressen will, indem er über sie hinwegspringt. Die Hennen wiederum wollen ihren Stall, den

Bereich, in dem der Fuchs lauert, in Besitz nehmen, indem sie die Felder dort auffüllen und den Fuchs einsperren.

Die Hennen beginnen. Die Hennen dürfen nur nach vorn und zur Seite, aber nicht rückwärts ziehen. Der Fuchs kann ebenfalls vorwärts und seitwärts ziehen, aber auch rückwärts, außerdem darf er springen.

Steht der Fuchs unmittelbar vor einer Henne und hinter ihr ist ein Feld frei, dann kann er sie „fressen", indem er sie überspringt. Erlaubt sind auch mehrere Sprünge in einem Zug. Ist eine Henne gefressen, wird sie aus dem Spiel entfernt.

Sollte der Fuchs übersehen, eine Henne zu überspringen, dann darf er vom Gegner vom Feld genommen werden. Wenn es dem auf dem Feld verbleibenden Fuchs gelingt, eine Henne zu überspringen und zu „fressen", dann muss der weggenommene Fuchs wieder zurückgegeben werden. Dieser darf dann auf jede beliebige Stelle im Feld gesetzt werden.

Die Hennen haben gewonnen, wenn der Fuchs nicht mehr ziehen kann. Der Fuchs gewinnt, wenn er mindestens zwölf Hennen geschlagen hat …

Viel Spaß!

„Vögel verkaufen"

Erklärt von den Familien Ellmeier, Trippl und Hochörtler aus Stanz im Mürztal

„Vögel verkaufen" ist ein altes Kinderspiel. Es wird im Haus gespielt und ist Ratespiel, Rollenspiel und Abfangspiel zugleich.

Einer der Mitspieler ist der Teufel. Er geht vor die Tür, während die anderen sich ausmachen, welche Vogelart sie sind: Spatz, Krähe, Papagei und so weiter. Nun kann es losgehen. Der Teufel klopft an. Die Kinder fragen: „Wer ist draußt?" „Der Teufel mit der glühenden Sterzpfanne!" „Was will er?" „Vögel!" „Kimm eina!"

Nun betritt der Teufel das Zimmer. Er wird gefragt: „Welche Vögel möchast?" Nun nennt der Teufel eine Vogelart, etwa die Schwalbe. Ist keines der Kinder eine Schwalbe, dann heißt die Antwort: „Nix daham!", „Ausgeflogen!" oder „Urlaub!" Der Teufel rät so lange, bis er einen Treffer hat, zum Beispiel die Krähe. Nun sagt er: „Krah, flieg aus und kimm gsund wieder nach Haus!" Das ist das Stichwort für die Krähe, die eine Runde im Zimmer laufen muss. Der Teufel kann ihr nicht sofort nachsetzen, denn er muss noch geschwind den

Kaufpreis zahlen, etwa 5 Gulden. Die klopft er schnell einem Teilnehmer in die Hände und läuft dann los, um die Krähe zu fangen. Dabei darf er auch Abkürzungen nehmen. Erwischt er den Vogel, gehört er ihm. Schafft es der Vogel auf seinen Platz, dann ist er „gsund wieder nach Haus" gekommen und der Teufel bleibt weiter hungrig. Das Spiel geht so lange, bis alle Vogelarten erraten sind.

„Fahr ma auf Graz!"

Erklärt von Martin Waldner aus Kameritsch bei Hermagor

„Fahr ma auf Graz!" ist ein Ratespiel mit Murmeln. Es spielen zwei Spieler gegeneinander; jeder sollte eine ausreichende Anzahl Murmeln zur Verfügung haben. Herr Waldner hat noch mit Tonkugeln gespielt, man kann aber natürlich auch Glasmurmeln nehmen.

Zwei Spieler stehen sich gegenüber. Einer hat in seiner geschlossenen Hand einige Murmeln. Nun fragt dieser: „Fahr ma auf Graz?" Der andere entgegnet: „Mit wie viel Pferd?" Nun öffnet der Erste ganz kurz seine Hand, sodass sein Gegner einen kurzen Blick darauf werfen kann. Jetzt wird geraten, wie viele Murmeln wohl in der Hand sind. Er nennt eine Zahl, sagen wir sieben. Stimmt die Zahl, dann bekommt er alle Murmeln. Hat er sich verschätzt, waren es beispielsweise neun Murmeln, dann muss der Verlierer die Differenz an Murmeln, in unserem Fall also zwei, hergeben.

Zum Nachkochen

Zum Frühstück: Saure Suppn

Wie sie im Innviertel am Hof vulgo „Peterbauer" zur Neunerjause gemacht wurde, angesagt von Johanna Fischer aus Münsteuer. Diese saure Suppe ist auch eine bekömmliche Morgensuppe, wie sie bei uns am Land häufig zu finden war.

„Die Großmutter hat jeden Tag in der Früh eine ganze Schüssel voll Brotbrocken geschnitten. Die hat man dann in die saure Suppn oder in die Milch eingebrockt."

> **Zutaten für 4 Portionen:**
> 1 Liter Sauermilch
> 2 „gupfte" EL Mehl
> Kümmel
> Salz

Die saure Milch hat man früher selbst gemacht, indem man sie eine Zeit lang in der Speis stehen hat lassen.

„Für die Suppe verrührt man einen Teil der Milch mit ein bissl Mehl, lässt das aufkochen, dabei wird die Milch grießelig, das soll so sein. Danach gibt man die restliche Milch dazu und kocht wieder ordentlich auf. Die Suppe wird mit Kümmel und Salz gewürzt. Die Suppe haben wir in der großen Schüssel angerichtet, aus der wir alle gegessen haben. Zum Schluss haben wir noch etwas süßen Rahm drübergegossen, damit sie noch mehr Geschmack bekommt. Den Rahm haben wir in einem Kreis oben draufgegossen, das hat schön ausgeschaut. Wir haben entweder Brotstücke eingebrockt oder dazu heiße gedämpfte Erdäpfel gegessen. Das war sehr gut!"

Zum Frühstück: Brocknsuppn

Wer keine Sauermilch mag, dem schmeckt sicher die „Brocknsuppn". Karl Koch aus dem Gurktal, der das Rezept ansagt, bereitet sich heute noch gerne dieses gute Frühstück zu.

„Früher, als noch viele Leute am Hof gelebt haben, hat man in der Früh oft von einem ganzen Laib Brot Schnittlan gemacht. Dafür verwendete man ein eigenes Messer, eine abgeschnittene Sichel, die zugeschliffen wurde."

Zutaten:
Brotschnitze aus gutem Bauernbrot
Vollmilch

„Zuerst macht man die Schnittlan. Dafür schneidet man von einem guten Bauernbrot reichlich Brotschnitze herunter. Das Brot kann ruhig etwas altbacken sein, dann lässt es sich besser schneiden. Die Schnittlan kommen in eine große Schüssel. Diese Suppn wird nicht gekocht, sondern die Brotstücke werden nur mit heißer Milch übergossen und ein wenig stehen gelassen, damit sie weich werden. Fertig!

Wenn der Bauer oder die Bäuerin nicht neidig waren, hat man Vollmilch statt der üblichen Magermilch verwendet und sogar ein bisschen Butter in die heiße Milch gegeben. Die Schüssel stand in der Mitte des Tisches und alle haben gemeinsam daraus gegessen."

Zur Jause: Schweinerner Salat

Wie er in der südlichen Steiermark, in Wuggitz, von Maria Pastolnik zubereitet wurde

„Der schweinerne Salat war ein Sommeressen. Wenn es heiß war, hat man ihn gerne auch zu Mittag zubereitet. Salat und Eier haben wir immer selbst gehabt, auch Schmalz war da, deshalb hat es den oft bei uns gegeben."

Eine Bauernfamilie aus dem Drautal rund um den Esstisch 1939.

Zutaten:
1 Häupl grüner Salat
Grammelschmalz mit reichlich Grammeln
Essig
Salz
Pro Person: 1 bis 3 weich gekochte Eier
Gutes Bauernbrot

„Der Salat wird gewaschen und zerteilt. In einer Rein werden das Grammelschmalz und ein bissl Essig warm gemacht. Damit wird dann der Salat abge-
macht und noch etwas Salz kommt auch dazu. Die weich gekochten Eier mit
der Schale haben wir gleich aufgemacht, mit einem Löfferl alles herausgeholt
und in ein Schüsserl gegeben. Für jede Person ein Schüsserl! Der warme Salat,
die weich gekochten Eier dazu und sehr viel Brot, das war ein gutes Essen."

Zu Mittag: Braunnudeln mit gedünstetem Süßkraut

Angesagt von Mathilde Wachinger aus Kainisch bei Bad Aussee

„Die Braunnudeln sind eine Hinterberger Kost, das Rezept hab ich von meiner Schwiegermutter. Die Braunnudeln sind eine richtige Bauernkost. Man macht sie im Winter, wenn man einmal mehr Zeit hat.“

Zutaten:
1 ½ kg Kartoffeln
1 dag Salz
25 dag Mehl
1 Ei
Zutaten für das Dampfl:
2 dag Germ (Würfel)
1 EL Mehl
etwas Milch oder Wasser
½ TL Zucker

„Die Kartoffeln werden gekocht, geschält und durch eine Kartoffelpresse gepresst. Nun lässt man sie ein bisschen auskühlen, bevor man sie weiterverarbeitet. Noch während die Kartoffeln kochen, kann man das Dampfl zubereiten. In ein großes Kaffeehäferl gibt man bodenbedeckt etwa 2 cm hoch lauwarmes Wasser oder Milch, die Germ, 1 EL Mehl und ½ TL Zucker. Alles wird verrührt, es soll schön dick sein. Nun stellt man das Häferl an einen warmen Platz, auf den Heizkörper oder zum Ofen, und lässt es aufgehen, bis es etwa zu zwei Vierteln voll ist. Wenn die Kartoffeln lauwarm sind, werden sie weiterverarbeitet. Mit Salz, Ei, Mehl und dem aufgegangenen Dampfl werden sie rasch zu einem Teig verknetet. Dieser soll nicht mehr gehen! Das ist bei einem Germteig ungewöhnlich, die Braunnudeln sind eine eigenartige Spezialität!

Der Teig wird zu einer Rolle geformt, man schneidet Stückerl herunter und formt diese zu Kipferln. Die Kipferln schneidet man an den Enden etwa 1 cm tief ein und backt sie in heißem Schmalz schwimmend goldbraun. Sie haben dann eine schöne dunkelbraune Farbe, deshalb heißen sie auch Braunnudeln.

Für das Süßkraut röstet man Zwiebel mit Zucker an, gibt nicht zu fein geschnittenes Weißkraut dazu, würzt mit Salz und Kümmel und lässt alles zugedeckt weich dünsten. Ein bissl noch mit Mehl eindicken – fertig! Wir servieren die Braunnudeln in einer großen Schüssel und essen das Kraut dazu."

Zu Mittag im Sommer: Hollersuppn

Angesagt von Karl Koch aus Olschnitz in Kärnten

„Sobald der Schwarzholler reif war, mussten wir Holler pflücken gehen. Im Juli und im August, wenn es sehr heiß war und wenig Zeit zum Kochen war, dann wurde oft die Hollersuppe gekocht."

Zutaten:
750 g reife schwarze Hollerbeeren
1 Liter Wasser
4 Gewürznelken
Minze nach Geschmack
Etwa 4 EL Zucker

„Die Beeren werden von den Stängeln befreit und mit ein paar Nelken und etwas Pfefferminze gekocht. Danach werden sie durch ein Tuch geseiht und gut ausgedrückt. Dann wird die Suppe noch ein wenig mit Zucker gewürzt und mit würfelig geschnittenem Brot serviert. Das war früher im Sommer oft am Tisch. Der Holler ist ja auch sehr gesund und wurde vielseitig verwendet. Deshalb hieß es früher: ,Wenn man bei einem Hollerstrauch vorbeigeht, muss man den Hut ziehen!'"

Zum Abendessen: Topfenreinkalan

Angesagt von Hemma Koch aus Olschnitz in Kärnten

„Aus dem gleichen Teig kann man auch einen Topfenschmarrn machen. Dann nimmt man nur ein Ei und keinen Rahm, damit der Schmarrn nicht pickt. Man bröselt die Masse mit der Hand ab und backt sie in heißen Schmalz. Mit der Schmarrnschaufel lockert man den Teig und serviert den Schmarrn mit Apfelmus.'"

Zutaten für 4 Personen:
300 g Topfen, am besten Bröseltopfen
150 g Mehl
2 Eier
2 EL Sauerrahm
3 Finger Salz

„Alle Zutaten werden gut abgeknetet und dann zu kleineren Kugalan geformt. Diese Ballen werden leicht bemehlt und in ausreichend Schmalz goldgelb gebacken. Man serviert die Reinkalan entweder mit einem Salat oder mit Kompott und einem Glas Milch.“

Zum Selbermachen

„Fuchs und Henn"-Spielbrett (siehe Bild S. 146)

Nach einem Spielbrett, das Franz Ellmeier sen., geb. 1896, aus Stanz im Mürztal für seine Enkelkinder angefertigt hat. Er tat dies in den Siebzigerjahren, als es schon Spielzeug aus Plastik und auch schon Elektroautos gegeben hat. Trotz dieser starken „Konkurrenz" liebten seine Enkel das „Fuchs und Henn"-Spiel sehr und beschäftigten sich oft damit. Im Winter, wenn am Bauernhof weniger zu tun ist, spielt Familie Ellmeier noch heute gerne mit diesem alten Spielbrett „Fuchs und Henn".

Ein circa 25 x 25 Zentimeter großes Holzbrett ist dafür vonnöten. Am besten eignet sich Weichholz. Wenn kein Lindenholz vorhanden ist, tut es ein Fichtenbrett auch. Nun zeichnet man mit Lineal und Bleistift fünf Quadrate, wie sie am Bild zu sehen sind, auf das Brett. Jedes dieser Quadrate ist 7 x 7 Zentimeter groß. Ebenfalls mit Lineal und Bleistift zeichnet man nun die Verbindungslinien. Herr Ellmeier hat alle Linien mit einem Schnitzmesser leicht ausgeschnitten und sie, damit sie besser sichtbar sind, nochmals mit Bleistift markiert.

Nun braucht man nur noch die Spielfiguren, zwei Knöpfe und 20 Bohnen, und es kann gespielt werden!

Der gute alte Birkenreisigbesen

Karl Koch, vulgo Jäger, aus Olschnitz in Kärnten erklärt, wie man einen Besen aus Birkenreisig herstellt. Solche Reisigbesen fehlten früher in keinem Haus. Sie hatten keinen Stiel. Es gab größere und kleinere Besen, etwa um den Backofen auszukehren.

Ein Tipp: Besonders gut geeignet sind die Reisigbesen, um Laub zu kehren.

Man schneidet die Birkenäste etwa in einer Länge von 1,20 Meter ab. Man sollte darauf achten, nicht zu harte, holzige Äste zu nehmen; diese eignen sich nicht gut, die feinen Äste kehren besser. Nun entfernt man die Rinde zu drei Viertel im oberen Bereich, wo der Besen später gebunden wird. Früher hat man die Besen nur mit „Wieden", mit Birkenästen, gebunden, denn die Bauern wollten keinen Draht verwenden. Da man ja auch im Stall gekehrt hat, wäre die Gefahr zu groß gewesen, dass ein Rind ein Stück Draht frisst. Heute kann man, wenn man will, natürlich Draht verwenden. Man bindet die Enden an drei bis vier Stellen zusammen. Der Besen sollte am Schaft ungefähr fauststark sein. Zum Schluss schneidet man den Besen oben und unten zurecht. Wenn man größere Flächen kehren will, schneidet man das Reisig eher flach, sonst schön rund.

Ein Reisigbesen für den Brotbackofen

Auf dem Bauernhof der Familie Ellmeier in Stanz im Mürztal wird seit Generationen Brot gebacken. Die Bäuerin Maria Ellmeier verrät das Geheimnis ihres guten Bauernbrotes: der Geruch der Fichtennadeln, die beim Auskehren des Backofens leicht verbrennen und für den guten Geschmack in der Brotrinde sorgen.

Man nimmt von Tannen- oder Fichtenästen die Spitzen, sie sollen etwa 50 bis 80 Zentimeter lang sein. Diese bindet man mit einem Spagat auf einen Holzstiel.

Der Holzbackofen wird eingeheizt und die Glut wie gewohnt entfernt. Zum Auskehren der Asche verwendet man nun den selbst gemachten Reisigbesen. Dieser wird vorher feucht gemacht, damit die Nadeln nicht in der Hitze verbrennen. Es soll nur leicht knistern, wenn man die Backfläche auskehrt. Es macht nichts, wenn ein paar Nadeln verloren gehen und im Backofen verbleiben.

Durch die Hitze trocknen die Nadeln und verlieren Harz. So entsteht im Backofen ein angenehm harziger Duft, der auch an das Brot abgegeben wird. Ein solches Holzofenbrot schmeckt besonders gut, da die Brotrinde den Wohlgeruch der Fichten- oder Tannennadeln in sich aufnimmt.

Ein Bauer beim Besenbinden.

Der Christbaum-Quirl

Maria Ellmeier aus Stanz im Mürztal fertigt ihren Kuchenquirl aus den Baumspitzen von Tannen oder Fichten an. Seit jeher wurden aus den Ästen, die sternförmig in gleicher Höhe am Stamm wachsen, dem sogenannten „Astquirl", Küchengeräte zum Verquirlen von Flüssigkeiten und Teigen hergestellt.

Man kann die Spitze des Christbaums oder natürlich auch den Astquirl eines anderen Nadelbaums nehmen, es sollte jedoch Fichte oder Tanne sein. Man sucht sich eine Stelle aus, an der vier, fünf, am besten sechs Äste in den Stamm münden. Das kann die Spitze sein, jedoch auch ein Stück darunter der zweite Quirl, die zweite Verzweigung. Man schneidet das Stück ab und entrindet es sorgfältig. Jetzt legt man den Quirl für einige Zeit ins Wasser, damit er geschmeidig wird. Nun bindet man die Äste mit einer Schnur zusammen und wartet, bis das Holz wieder trocken ist. Wenn man jetzt die Schnur löst, sind die Äste etwas näher zum Stamm geneigt und haben die richtige Form. Nun schneidet man die Länge der Äste zurecht. Fertig!

Maria Ellmeier schätzt diese selbst gemachten Holzquirle sehr. Ihrer Meinung nach sind sie, was die Qualität betrifft, genauso gut wie die gekauften Produkte.

Begriffe und Dialektausdrücke

Ahnl, Ähnl:	Großmutter, Großvater
allweil:	immer
anzahn:	tüchtig arbeiten
auffi:	hinauf, herauf
Auswärts, Auswahrt:	Frühlings- und Sommerhalbjahr
außi:	heraus
a weng:	ein wenig
Bansen:	Nebenraum der Tenne
Beuschel:	Ragout aus Innereien, hauptsächlich aus Lunge
Blodern:	Blase
Blunzen:	Blutwurst
Bluttommerl:	Ofensterz aus Blut, Mehl, Milch, Eiern und Gewürzen
Brandweinnussen:	in Fett gebackenes Hefegebäck, mit Schnaps übergossen
brecheln:	Die holzige Ummantelung von Flachs und Hanf wird von der Faser getrennt.
brendln gehen:	fensterln gehen
Brotleiter:	Stellage, auf der Brot luftig gelagert werden konnte
Burgunder:	hier: Futterrübe
Dampfl:	Vorteig
Dattl:	alter, zittriger Mann
dengeln:	Schärfen der Sense
Dienstdirn:	Dienstmagd
Duschn:	weiße Rübe
eini:	hinein
Einwärts, Einwahrt:	Herbst- und Winterhalbjahr
Erdäpfel:	Kartoffeln
Fachtl:	aufgeladenes Heu auf dem Heuwagen
fädeln:	den Dienstherrn wechseln
fatschen:	mit Stoffbinde umwickeln
Fechter:	hier: Bettler
Feitel:	Taschenmesser

Finstern:	Dunkelheit
Flachs:	gemeiner Lein, die daraus gewonnene Faser wird nach dem Weben Leinen genannt
Fotzerl:	hier: Maul
füreinand:	auseinander
Germ:	Hefe
Godl:	Taufpatin
Grammeln:	Gricben
Grander:	Steinbottich
Groamat, Grummet:	zweite Heumahd im Jahr
Gsetzl:	hier: Strophe
Gstanzl:	vierzeiliger Spottgesang
gupft:	gehäuft
Gwand:	Kleidung
Habern:	Hafer
Häuplsalat:	Kopfsalat
heigen:	heuen
heindln:	mit einer Gartenkralle den Boden lockern
Hendl:	Huhn
Hetz:	Spaß
Hoarfeld:	Leinfeld
Holzzockeln:	Holzschuhe
Hupfer:	Sprung
Keuschler:	Bewohner eines Bauernhäuschens
Kittl:	Rock
Kletze:	getrocknete Birne
kliaben:	Holz hacken
Kracherl:	Limonade
Krawattl:	Schlafittchen
Krautgeppel, Krauthappel:	Krautkopf
Kuchl:	Küche
Kukuruz:	Mais
Kumpf:	Behälter aus Holz oder Horn, in dem der Wetzstein aufbewahrt wird

losen:	zuhören
nachand:	nachher, danach
Mahder:	Mäher
Mandl:	hier: Form, zu der mehrere Ährengarben zusammengestellt wurden
Maunerrock:	Herrensakko
Moarknecht:	höchstgestellter Knecht
Mugel:	großer Brocken
owi, owa:	hinunter, herunter
Paradeis:	Tomate
pickig:	klebrig
Pilot:	hier Holzpflock
Pipperl:	Hühnchen
Plotschen:	Blätter
ranggeln:	ringen
ratschen:	tratschen
Rein:	großer Topf, Bratform
Reitermacher:	Siebmacher
roasen:	reisen, besuchen, fahren
Rossknollen:	Pferdeäpfel
Saublodern:	Harnblase des Schweins
Schab:	Getreidestroh
Schaffel:	Bottich oder anderes offenes Gefäß
schiach:	hässlich
schmecken:	hier: riechen
Schmer:	innen liegendes Bauchfett
Schnitz:	kleines Stück, z. B. bei Obst oder Brot
Schöber:	kleiner Heuhaufen
Schragen:	Holzbock
selchen:	pökeln
Sonnbenk:	Hausbank
Speis:	Vorratskammer
stad:	ruhig, still, stumm
Sterz:	eine breiartige Mehlspeise
Störhandwerker:	Handwerker, die ihre Arbeit zu Gänze oder teilweise in fremden Häusern und Höfen ausübten

Sur:	Salzlake
Tagliachtn:	Morgengrauen
Troadkasten:	Vorratsspeicher für Getreide und andere Lebensmittel
Trumm:	großes Stück
tuschen:	hier: schlagen
Tuchent:	Bettdecke
umbauen:	Sammelbezeichnung für eggen, pflügen, säen und andere Feldarbeiten
umeinandkommen:	herumkommen
verzählen:	erzählen
wachten:	Totenwache halten
Weihbrunn:	Weihwassser
Weinbeeren:	Rosinen
Woazlaschen:	getrocknete Maisblätter
Woazschälen:	Die Maisstriezel werden von den Schalen befreit, zugleich werden die Blätter hochgebunden, um den Mais zum Trocknen aufzuhängen.
Wuchteln:	Buchteln, Hefemehlspeise
zammsitzen:	beisammensitzen
zeitig:	reif, auch: früh
zulosen:	zuhören
Zutzerl:	Schnuller

S. 15

„Einmal auf und zweimal drauf, dreimal hoch und viermal noch. San oa dabei, die kennt ma glei, die zahn net aun, die hängen glei draun. Die zahl ma aus und schicken's z'Haus. Die zahn net aun und hängen glei draun!": „Einmal auf und zweimal drauf, dreimal hoch und viermal hoch. Sind welche dabei, die kennt man gleich, die strengen sich nicht an, die hängen sich nur dran. Die zahlen wir aus und schicken sie nach Haus. Die strengen sich nicht an und hängen nur dran!"

S. 49

„So vüln han i auffi gholfn mit da schwarn Lost. Nit amol in Winta han i ghabt a Rost. Heut, wal i olt bin, habns mi gebn in Talon, ohne Dank habens mi ogsetzt,

dös han i jetzt davon. Owa dös oani, meini liabn Leit, muass i enk sogn: Wann i nit war gwen, hätts enka ganz Graffl aufn Buckl kinna auffi trogn!": „So vielen habe ich hinauf geholfen mit der schweren Last. Nicht einmal im Winter habe ich gehabt eine Rast. Heute, weil ich alt bin, haben sie mich auf das Abstellgleis gestellt, ohne Dank haben sie mich abgesetzt, das habe ich jetzt davon. Aber das eine, meine lieben Leute, muss ich euch sagen: Wenn ich nicht gewesen wäre, hättet ihr euer ganzes Zeug auf dem Buckel hinauftragen müssen!"

S. 80
„Wenn's dös glabs, dös könnts auf an alten Mann umarstänkern, dann gehamar außs auß aufs Greane und i schmeiß enk alle über die Windische Höh!": „Wenn ihr glaubt, ihr könnt einen alten Mann verspotten, denn gehen wir hinaus auf die Wiese und ich werfe euch alle über die Windische Höhe!"

S. 81
„Oh Bua, dö hat's obigeblattelt zum Millstätter See!": „Oh Junge, die hat es bis zum Millstätter See hinuntergeworfen!"

S. 81
„Der Friedl nimmt sei Büxn und schiaßt aufn Odler aufe. Was glabt's, wos der Odler für a Loch ghabt hat von dem Schuss! Die Sunn hat durchgschunan, so groß ist des Loch gwesn. Grod unterm Zeanitznzaun hot ihn der Odler ausglossn und der Friedl war vom Odler darlöaßt. Weidmannsheil!": „Der Friedl nimmt sein Gewehr und schießt zum Adler hinauf. Was glaubt ihr, was für ein Loch der Adler von dem Schuss abbekommen hat! Die Sonne hat durchgeschienen, so groß war das Loch. Genau unter dem Zeanitznzaun hat der Adler ihn ausgelassen und der Friedl war von dem Adler erlöst. Weidmannsheil!"

S. 89
„Liserl, kim uma auf'd Nacht, i han an schen Almbuam!": „Liserl, komm am Abend herüber, ich habe einen schönen Almburschen!"

Anmerkungen

1 Oswin Moro, Volkskundliches aus dem Kärntner Nockgebiet, Klagenfurt 1952, S. 278.

2 Johann Haselmayr, Der Alltag eines Bauernjahres, Wolfsbach 2009, unveröffentlicht.

3 Maria Zach, Kindheits- und Jugenderinnerungen, Textbearbeitung: Wolfgang Kersch, unveröffentlicht, Wuggitz o. J.

4 Maria Zach, Kindheits- und Jugenderinnerungen, Textbearbeitung: Wolfgang Kersch, unveröffentlicht, Wuggitz o. J.

Bildnachweis

Familie Angerbauer, St. Valentin: S. 56

Familie Aspalter, Steyr: S. 70

Familie Atzmannsdorfer, Bad Goisern: S. 16, S. 50

Familie Bachmair, Ort im Innkreis: S. 106

Familie Bajs, Linz: S. 54

Familie Blaunstein, Obervellach: S. 35, S. 46, S. 75

Familie Böhm – Besim, Bad Eisenkappel: S. 40

Familie Buchacher, Gundenstein: S. 121

Familie Ebenberger, Dellach/Drau: S. 2, S. 151

Familie Eritscher. Klagenfurt: S. 157

Familie Ferihumer, Prambachkirchen: S. 23, S. 73

Familie Grabner, Vorderweißenbach: S. 59

Familie Hinterberger, St. Georgen/Grieskirchen: S.32

Familie Höfler, Sarleinsbach: Titelbild, S. 19, S. 25, S. 77, S. 96, S. 101

Familie Kamenik, Edt: S. 61

Familie Koch, Olschnitz: S. 91

Familie Kohlmayer, Radenthein: S. 12, S. 81, S. 93, S. 125

Familie Kortschak, Weyer/ Enns: S. 139

Familie Luger, Schärding: S. 38

Familie Madlmayr, Gramastetten: S. 44

Familie Neuhauser, Pucking: S. 115

Familie Öller, Sarleinsbach: S. 21

Familie Petschenig, Mauthen: S. 53

Familie Prochaska, Linz: S. 109

Familie Topitschnig, Liebenfels: S. 14, S. 37, S. 43, S. 48, S. 65, S. 67, S. 116, S. 122, S. 133

Familie Zach, Großwöllmiß: S. 104

Siegfried Fleck, Waizenkirchen: S. 10, S. 27, S. 28, S. 84, S. 87, S. 99, S. 110, S. 113, S. 129, S. 141

Karl Friedl, Graz: S. 146

Martin Manigatterer, Peuerbach: S. 31, S. 127, S. 137, S. 138, S. 143

böhlau

INGE FRIEDL
HEILWISSEN IN ALTER ZEIT
BÄUERLICHE HEILTRADITIONEN

Wer gegen Kopfschmerzen heute wie selbstverständlich eine Tablette schluckt, sollte daran denken, wie Krankheiten noch vor wenigen Jahrzehnten am Land behandelt wurden. Kräutlerinnen, Salbenmacher, ein Zahnreißer, Knocheneinrichter, eine Landhebamme, alte Bäuerinnen und Bauern, sie alle erinnern sich an althergebrachte Heiltraditionen, die auch viel mit Aberglauben und Magie zu tun hatten. Weisheiten und Geheimnisse aus der bäuerlichen Hausapotheke von A wie Arnika bis Z wie Zwiebel runden diesen Band ab.

2009. 204 S. GB. 155 x 235 MM.
ISBN 978-3-205-78313-8

BÖHLAU VERLAG, WIESINGERSTRASSE 1, 1010 WIEN. T: +43(0)1 330 24 27-0
BOEHLAU@BOEHLAU.AT, WWW.BOEHLAU.AT | WIEN KÖLN WEIMAR

böhlau

KATHRIN FRIEDL
SCHULZEIT
WIE'S FRÜHER WAR

Bloßfüßig in die Schule, der strenge Lehrer mit dem Rohrstaberl, Schreiben mit Griffel und Schiefertafel, einklassige Volksschulen mit sechzig Kindern … Noch gibt es Menschen, die von ihren wertvollen Erinnerungen an das Schulegehen in alter Zeit erzählen können.

Der lange Schulweg, den die Kinder im Sommer barfuß zurücklegten, Scheitelknien als Strafe, der gusseiserne Schulofen und das gemeinsame Heilkräutersammeln für die Front. Das sind nur einige Schlagworte, die das Bild vom Schulegehen in alter Zeit prägen. Noch gibt es Menschen, die in einklassige Volksschulen gingen, die sich vor dem strengen Herrn Lehrer fürchteten, denen ein Apfel als Jause das Wertvollste war und die als Unterrichtsfach noch Schönschreiben hatten. Die Freizeit war spärlich und die Schule stellte eine Abwechslung vom Arbeitsalltag am Hof dar. Die Erinnerungen jener Personen, die in der ersten Hälfte des 20. Jahrhunderts Schüler waren, sind kostbar. Sie sind schön, traurig, lustig und berührend. Ein unsentimentaler Blick zurück zeigt, wie es damals gewesen ist.

2010. 164 S. GB. 43 S/W-ABB. 155 X 235 MM.
ISBN 978-3-205-78557-6

BÖHLAU VERLAG, WIESINGERSTRASSE I, IOIO WIEN. T : +43(0)I 330 24 27-0
BOEHLAU@BOEHLAU.AT, WWW.BOEHLAU.AT | WIEN KÖLN WEIMAR